金投赏

贺欣浩　著

的背后

上海远东出版社

图书在版编目（CIP）数据

金投赏的背后 / 贺欣浩著. —上海：上海远东出版社，2021

ISBN 978 - 7 - 5476 - 1736 - 6

Ⅰ.①金… Ⅱ.①贺… Ⅲ.①商业广告—创意 Ⅳ.
①F713.8

中国版本图书馆 CIP 数据核字（2021）第 154939 号

责任编辑　程云琦　刘思敏
封面设计　李　廉

金投赏的背后

贺欣浩　著

出　　版	**上海遠東出版社**	
	（200235　中国上海市钦州南路 81 号）	
发　　行	上海人民出版社发行中心	
印　　刷	上海锦佳印刷有限公司	
开　　本	710×1000	1/16
印　　张	12.25	
字　　数	110,000	
版　　次	2021 年 9 月第 1 版	
印　　次	2021 年 9 月第 1 次印刷	

ISBN 978 - 7 - 5476 - 1736 - 6/F·676

定　　价　98.00 元

本书献给那些过去十四年为金投赏无条件付出的理事会成员们，那些真正热爱创意，并愿意为之贡献时间和精力的人们。

　　这是我们首次尝试向大众公开金投赏发展背后的故事，也便于您从另一个窗口了解金投赏，推动中国创意走向全球期待有您的加入！

不知不觉，今年已是金投赏的第 14 个年头。

如果从我 2003 年创办《第 3 种人》杂志作为这个行业的先导算起，那么到现在已经整整 18 年了。

今天，我将我的创业历程梳理为下面四个阶段，希望大家从中有所收获。

准备创业阶段

2001 年至 2003 年，我当时担任《中国广告》首席记者。这三年是一个时间窗口，为我打开了广告和营销的世界大门，也让我有机会向全世界这个领域最优秀的人学习。

杂志创业阶段

2003 年至 2008 年，我创办了《第 3 种人》杂志。虽然当时已经有很多介绍广告业、营销传媒的期刊，但是《第 3 种人》杂志和它们并不一样。

《第3种人》没有局限于国内视角，而是立足全球视野，常常有高端访谈，且版式设计精美，因此一下子就打开了市场。从季刊发展到最后的月刊，《第3种人》很荣幸地成为中国广告全球化的启蒙刊物，直到现在仍有人提起。

金投赏创业阶段

2008 年至 2019 年，那时的我萌生了一个想法，我认为中国应该有一个可以代表中国创意风格，并走向世界的奖项。

2008 年，在上海戏剧学院礼堂里，我们以广告制作行业的评比作为切入点，成功举行了首届颁奖典礼。也是从那个时候，我带领团队从零开始，一直把金投赏做到亚洲规模最大的创意奖项。

金投赏理事会阶段

从 2019 年开始，当我们全体金投赏会员通过了金投赏理事会章程，从那一刻开始，标志着金投赏从一家企业迈向基金会转型的过程，由创始人领导转为集体领导的改变。这两年是金投赏高速成长的两年，也是非常成功的两年。

我们为什么选择这个模式，为什么选择这样做？其实这与我们的核心理念是一致的，为了我们大家共同的使命——

　　我们希望在未来，在全球范围内，将金投赏打造成比肩戛纳的创意奖，同时我们也追求可持续发展，就像我们金投赏每一位理事印章上写的两个词——"守护，传承"一样。

　　这本书的书名是《金投赏的背后》，它主要介绍金投赏的第四个发展阶段：那些在金投赏背后默默奉献的所有会员和理事，以及我们是如何一起工作、思考和决策的。

　　同时，这本书也可以让每一位参与、支持过金投赏的朋友们更好地了解我们，在未来进一步帮助我们，一起实现金投赏的梦想，完成我们共同的使命！

贺欣浩

2021 年 6 月 2 日

目　录

第一章

金投赏背后的"小"事

2012 年，贺欣浩开始筹划设立金投赏基金会（香港）。

2017 年，金投赏会员章程第一版出炉。

2019 年，金投赏会员章程由全体理事会通过，金投赏迈向了发展新阶段。

从 2019 年开始，金投赏正式进入由理事会决策阶段，这不仅意味着理事会需要分中长期、阶段性地把握金投赏的发展方向和策略，而且在日常运营过程中，凡是依据过往经验无法解决的问题，我们都需要在理事会讨论中寻找解决方案。以下我分享理事会发展过程中的几个小故事。

第一个故事

*我们关爱 LGBT
人群，却对关注
LGBT 群体的作
品产生了争执*

在第 13 届金投赏商业创意奖的终审会上，一件关注 LGBT 人群（非异性恋人群的统称）的作品引起了评委们的争议。这是某品牌在七夕节上发起的一项关爱 LGBT 人群的活动。关于这次争议，我做以下说明。

第一，金投赏对于所有参赛公司都有声明：所有作品除了遵守法律法规之外，获奖的背后一定是符合或代表中国创意风格。

全国人大常委会法工委发言人在 2019 年的记者会上明确指出，我国现行婚姻法规定的一夫一妻制是建立在一男一女结为夫妻基础上的婚姻制度，该规定符合我国国情和历史文化传统，也符合中国广大人民群众的意志。

因此，从法律角度来看，目前这类作品在国内不被鼓励，也不被广大人民群众喜爱，同时也不符合社会主义核心价值观。

第二，以往金投赏确实没有遇到 LGBT 类作品参报。如果撇开其文化背景和内涵，单从创意本身、传播策略以及和品牌的结合来看，这件作品确实不错。

奖项委员会在第一时间将该作品汇报给金投赏理事会，理事会委托合规委员会开展研究和调查之后，最终将结果提交给理事会，由理事会进行投票表决。

最终，我们以 19∶2 的投票结果取消了这件作品的获奖资格，同时我们也第一时间和参赛公司进行了沟通，并非常友好地获得了认可。

但这件事情引发了另外一个问题：未来，金投赏商业创意奖是否可以接受 LGBT 类作品参评？

对此，我们 21 位理事产生了激烈的争论。一种观点认为应该继续接收 LGBT 类作品，认为这类人群需要得到社会的关注和同情，而且根据章程和标准，它们最终也许只能获得铜奖或者提名奖。我们如果不接收这类作品，会显得金投赏没有同情心。

另一种观点主张我们不应该收 LGBT 类作品，认为我们不能只是给予关注和同情，而是要公平对待，如果不是因为创意而是出于其他考虑，那还不如不要收这类作品，否则收上来最终又评不上，那对于其他品牌创意来说更加显得不公平。

上述两派不分上下，旗鼓相当。在争执不下时，我们理事会收到了这样一封邮件，从中可以看出这位会员的思考：

各位理事好，关于 LGBT 类作品的征集我们要慎重考虑和沟通，这是我们在国际化的道路上，需要国际化的理事会高度重视和关注的问题。

如果金投赏的理事和会员因为某个议题而被割裂，那未来我们面对执行团队，面对参赛公司，面对合作伙伴时，也将会是一个割裂的状态。

所以我非常希望大家能够深入讨论，形成一个一致的意见。我先抛砖引玉，希望大家继续讨论，发表自己的观点。

昨天我们有了两种意见，客观地说都很棒。

第一种意见：未来它们可以来参加，但考虑到环境因素，最高止步于银奖。

这种意见的出发点，是认为我们不该歧视或者对 LGBT 群体区别对待。但是为了金投赏组织的长远发展，至少现在我们在评选的时候，还是要考虑到国情和广大人民群众的感受，以及相关宣传的大方向，不要形成对立面。

这种观点，首先是站在广大参赛公司的角度，不能因为少数作品而引发舆情风险，结果导致大多数作品无法获得正常的传播；其次是站在金投赏组织的长远发展角度，我们必须遵守中国的法律法规；最后是站在我们理事和会员的角度。这种意见是非常无私的，也是目光长远的。

第二种意见：从目前环境来看，未来在参赛手册中明确它们不具备参赛资格。

因为金投赏是一个评选创意的奖项，我们需要公平公正地对待每一件作品，如果你允许它参加，但是评比时你又让它最高止步于银奖，这才是真正的歧视。

从专业角度来看，我们认为这类作品的创意非常好，但是因为众所周知的原因，它们无法在主流媒体上得到传播和报道，在中国这些作品不具备传播资格。

当然，也许有一天环境会改变，这个时候我们理事会也会与时俱进，欢迎这些作品真正公平公正地参与评选。

同时，将这些评选的压力施加给我们国际化、多元化的评审团队也是不合适的。对第二种意见，我觉得它也是中肯和无私的。

从这两种意见中，我发现了一些共同点。

其一，我们都要遵守法律法规，尊重"公序良俗"的约定。

其二，大家都希望金投赏能够可持续地发展，所以我们必须适应大环境，为了保护组织、减少风险，愿意做出妥协。

其三，我非常欣喜地看到，每一位理事和会员都对这类人群给予了尊重和包容。接受是因为不希望这类作品感受到歧视，而取消参赛资格也是因为它们得不到公正的评判。

以上三点内容，我们所有理事会和会员都是高度一致认同的。

我一直在思考，回顾我们的使命和远景，脑海里闪现出这样一些片断：

（1）推动中国商业创意，促进"全球"企业成长。这句话中，我们有一个"全球"的定语。

（2）我们的目标是全世界"100个国家和地区"来参加，这里有100个国家和地区。

（3）我们要成为"世界"三大奖项，是世界的三大奖项，而不是中国的三大奖项。

（4）我们目前会员有43人，其中有来自香港的好朋友 Derek、Clement，有来自宝岛台湾的好朋友 KF、Michael、Freda，也有菲律宾华侨 Rene。这31人所任职的企业，除了在中国的以外，也有宝洁（美国），Google（美国），PwC（英国），ISOBAR（日本）。未来，随着我们这个组织的发展，我相信会有越来越多国际化的会员加入，也许我们会在全球开设更多的分部。

所以，在我们思考这个问题时，需要打破"中国组织"的固有印象，立志成为一个国际化的组织。而当我们以一个国际化组织的视角进行思考时，必须更多元地去考虑这些事情，从国际化会员的角度来看待这件事情。

所以，我们再回到必须"遵守法律法规"这里，如果我们着眼于未来金投赏是一个全球性组织，那么在未来几年，我们会在美国、欧洲，以及中国的香港和台湾成立金投赏分部或者设立办公室来征集和吸引这些优秀的创意作品。

假设我们在美国建立办公室，或者在我们的宝岛台湾设立办事处，如果我们不收 LGBT 题材的作品，是否会违反当地的法律？是否会引发当地合作伙伴和客户的不满反应？

假设未来我们也像其他国际奖项一样在各地设立分部，开展区域的作品征集和评奖，比如我们做一个美国金投赏，只收美国的作品，并在美国当地进行评奖，这样是否适用？或者我们像红点一样，在东南亚设立一个"银投赏"等，这样是否也适用？

如果我们立志成为一个全球性的组织，我们是否也必须像跨国公司那样，遵守每一个国家或地域的文化，得到每一个当地伙伴的支持和认可？

所以，我们再回到今天来看这件事情，首先我觉得我们要站在更高的层次上来看，也许我们不应该拒绝这些作品。如果我们拒绝了这些作品，我们的理事和会员，甚至一些参赛公司和伙伴，对于我们这个组织发自内心的认可和尊重也许会产生怀疑。

假设我们不拒绝这些作品，那又该如何避免组织面临风险呢？我们再次回到我们的使命——推动"中国商业创意"，是中国的商业创意。那么我们必须尊重、遵守中国的法律法规。所以，虽然我们是一个全球性的组织，也持有包容多元化的价值观，但我们还是在做推动中国商业创意这件事。

所以，我有以下几条建议：

第一，授予我们理事会下合规委员会、奖项委员会最终撤销参赛奖项资格或者改变奖项等级的权力。我们不要把压力给予评审，但我们可以在参赛手册上说明我们的标准和要求，我们可以根据环境变化不断进行调整，并不断加强对评委的培训，或根据当前政治局势和环境因素，一起讨论到底可以给予什么样等级的奖项。

第二，或者考虑我们可不可以采取另外一个办法，即在遵守中国法律法规的前提下，直接告知这类作品不能参赛，这是因为考虑到中国的法律规定和舆情推动。

以上是抛砖引玉，希望大家多提建议。

第二个故事

理事会如何激励会员——关于会员贡献记录的优化

14年来，金投赏营造了一种独特的组织文化，大家一起为了共同的目标而自驱努力。从表面上来看，金投赏理事会是一个松散的组织，因为所有会员和理事都有自己的本职工作，同时它又是一个专业的组织，因为汇聚了一群非常优秀的精英。

我相信大家或多或少参加过类似的一些协会、校友会、联合会、俱乐部等等，很多是基于专业与行业进行细分的。这些组织都需要一群热心的人去维护和投入，用自己的业余时间去奉献，但很多时候，这类组织非常难管理，其核心的原因有以下几类。

（1）热情很难持续

很多人加入的时候是出于兴趣或者某些需求，但加入一段时间后，兴趣转移了或者是需求满足了，就很难再表现活跃了。

（2）高层的活跃度

任何组织或协会，有一些大佬加入就是最重要的号召力，但大佬的时间是非常宝贵的。新人的时间相对很多，他们更希望在这个圈子里和大佬有更多的接触。所以往往到最后，会变成一些新人在活跃，而大佬不活跃了。

（3）可持续发展模式

很多组织无法持续发展下去，大多是由于经费和商业模式等原因。巧妇难为无米之炊，办活动、扩大影响力都需要钱，如果没有一个可持续发展模式，组织往往无法持久。

金投赏在创建理事会之前就前瞻性地考虑到了这个问题，我们认为关键在会员的管理，就算是大佬也要被管理。

首先，我们理事会下设一个会员委员会，我们可以把它理解成金投赏内的"组织部"，它是用于发展新会员，以及激活老会员的。

其次，会员委员会在我们内部为每一个会员创建了"贡献记录"的工具。大家可以简单地把它理解为金投赏内部记录衡量会员对金投赏贡献的工具。

在我们理事会创建初期，会员委员会将我们每一个会员全年参与的活动和所做的贡献先量化成为分值，然后每一个会员在参加金投赏相关活动的时候，会员委员会将这个记录登记为贡献，在年底的时候，理事会会把每一名会员的贡献记录公开。

金投赏的贡献记录非常细致，大家也可以简单地把它理解为考勤。它的好处是可以通过量化的方式，将我们这个组织在过去一年里最有贡献的人筛选出来。

随着会员越来越多，大家每年只是在会员大会、理事会或者相关活动上才会碰面，其他时间都是依靠秘书处和执行机构来传达，无法客观地去了解每个会员对金投赏的贡献。但有了这个工具，大家可以相对简单客观地了解这个组织中贡献最多的会员，以便未来选择新的理事，或者挑出长期来看并不适合成为金投赏会员的人，对此具有重要的参考价值。

最后，这个贡献记录工具从设计出来，到执行一年多的时间里，用数据验证了这个工具的实用性。当一个组织当中，有些人总是遵守规则，会克服万难来参加活动，而有些人却总是请假或者早退，如果没有一个客观的工具用来对这些会员进行区别，那么长此以往，一直遵守规则的会员将无法得到正向的激励。

当然，这个运营了一年多的贡献记录工具也并非十全十美。在 2020 年 11 月的理事会上，根据部分会员的反馈和一些理事的建议，会员委员会做了一些调整和修改，将原来老的贡献记录保留，但改名为赏规贡献记录，其权重从 100% 下降到 50%，这项记录由会员委员会来执行。同时新设立目标贡献记录,其权重是30%,这部分由各委员会主席来评定,简单地说,这部分是每个会员的绩效记录。最后的20%是由常务理事打分的创新记录,主要目的是鼓励所有会员,在金投赏组织体系内可以积极创新。

为什么会有这些改变?主要是因为金投赏在刚刚成立的时候,我们的理事会才开始组建,新设立七个委员会,大家的分工和目标尚不非常清晰,所以在初期,会员委员会考虑更多的是我们必须以参与为主。所以,我们衡量贡献时,100%由考勤组成,即我们每一位会员对金投赏活动的参与度。

运作一年多之后,我们的体系逐渐完善,理事会内部一直在思考一个问题:这套机制是鼓励我们表面上的参与度,还是鼓励我们完成每一个委员会设定的绩效目标。同时,在衡量贡献记录时,那些显性的任务比较容易衡量,比如有没有参加我们一整天的会员大会,参加了几次理事会议。但那些隐性的任务却不太容易衡量,比如帮助金投赏写一份报告,为金投赏达成了一项商业合作,在这些报告和合作的背后,有着非常多的隐性付出,从而这将会导致量化上的一些不公平。

因此,在2020年11月,理事会对贡献记录进行了优化和调整。同时,我们内部也达成共识,未来这个贡献记录会把更多的权重偏向于绩效的目标贡献记录，几年内有可能从目前的30%提高到50%，这也反映了金投赏理事会严谨务实的风格与态度。

第三个故事

那一枚专属于理事的印章

所有理事都无偿地为金投赏服务，在物质以外，我们能用什么方式感召他们？

我们都知道，加入金投赏理事会的理事都是义务奉献没有任何酬劳的，但会获得一枚代表金投赏理事会的印章。

大家是因为相同的使命和价值观而相聚在一起的，共同来守护和传承金投赏这份资产，并实现金投赏的愿景：

致力于将金投赏打造成为全球三大创意奖；

超过 100 个国家来参与；

建造一所研究全球中国商业创意的博物馆。

截至 2021 年 6 月，我们共有 43 位正式会员，有 22 位理事，其中有 9 位常务理事。理事会是最高决策机构，当会员升任理事的时候，他将从理事会获得一枚金投赏的印章。

这枚印章是专门为每一位理事定制的，正面刻着"守护，传承"四个字，体现了理事的责任和使命。背面刻着这位新理事加入金投赏的会员编号和名字。而章印则是由这位理事的名字和金投赏 LOGO 的印记组合而成。在每年的会员大会以及需要表决的理事会议上，理事们都会用这枚印章来作出决议。

第四个故事

会员大会上有人带来了 10 枚比特币，却被合规委员会婉拒

一个成熟的商业产品体系，其运作是非常严谨的。金投赏自然如此，执行机构须在理事会的授权下，根据章程进行运营。

在 2020 年 1 月至 2021 年 3 月期间，金投赏获得了两笔来自会员的捐赠，第一笔是 100 万元的现金；第二笔是 10 枚比特币，总价值 370 万元左右。前者用于金投赏在香港基金会的筹建开办，后者是我们某位支持者出于对金投赏使命的认同和热爱而捐赠。

而这 10 枚比特币，其背后还有一个小故事。2020 年 6 月，我们这位支持者就表达了希望捐赠的意愿。

我作为秘书处秘书长，第一时间把这件事汇报给了理事会。虽然这是一件值得夸赞的事情，但合规委员会却认为不妥。合规委员会主席白涛律师和她的同事们认为，这绝对是一件非常好的事，但比特币是一个非常新的事物，有很多机制和规定还没有成形，在这样的背景下，暂时还不能接收这笔捐赠。

对于这笔捐赠，合规委员会展开了多次讨论，主要包括以下方面。

第一，比特币是一种虚拟货币，捐赠需要符合相关法律规定，目前还有待研究。

第二，比特币是虚拟货币，不记名，不挂失，捐赠后我们是否具有保管的能力，应该保存在哪里？是否会有遗失的风险？如果遗失，该怎么补救？如果无法补救，那是谁的责任？如果没有追责制度的话，保管者会不会产生道德风险？简单地说，我们要确定谁是负责人，谁去保管这10枚比特币，相应地，他需要承担哪些责任和义务。

第三，比特币有很大的价值，但对于捐赠获得的比特币，是否可以变现成法定货币，用于金投赏的成长运作？

第四，如果捐赠者授权理事将比特币变现为法定货币，那由谁代表金投赏理事会在某个特定的时间段进行变现？此外，因为比特币的价格是波动的，我们应该通过哪个变现平台来变现，什么时间段变现最合适？

第五，变现后，这笔钱用于哪些方面？如果有结余，由谁来进行管理，是否可以用于投资？我们会承担什么样的风险？谁来做最终决策？等等。

可以看出来，这 10 枚比特币的捐赠，实际上牵扯出了十几个大大小小的问题。

对于会员捐赠，我们必须要立足长远的思考，所以我们在 2021 年 3 月 25 日的理事会上更新了以下内容。

对于法律的遵守

目前，金投赏在香港的基金会依旧在筹建过程中，建设完毕后，善款将主要来源于个人和会员之间的捐赠，并不进行公众募捐。所以，从法律上来说，目前只能请捐赠人将其合法收入直接捐赠到香港的基金会，并且在未来相当长的一段时间内，会员捐赠款还是会直接转入香港基金会的账户中。这是遵守法律规定的表现，同时也符合理事会章程设定的捐赠标准。

捐赠者意愿的遵守

未来会有越来越多的会员进行捐赠，无论是通过他们的公司还是个人。

目前来看，金投赏理事会还没有非常正式的捐赠协议，合规委员要去完善这部分内容，包括以下几个方面。

1. 捐赠的方向

第一个方向，有的理事希望设立一个捐赠基金，用于执行机构紧急基金。大部分情况下，这笔钱可以用于投资理财，一旦金投赏因为疫情等原因无法举办，这笔钱可以用于支付执行机构支薪人员的薪水。

另一个方向，有的理事提出可以设立一个创意教育方向的基金，那么执行机构就需要落实到具体负责的项目中去，以保证捐赠是适用的。

2. 使用的条款

首先，是否允许金投赏执行机构在需要的时候变更捐赠用途，比如用于一些更需要资金投入的项目。

值得注意的是，有的会员捐赠的是一些非现金类资产，比如比特币，甚至还有股票。是否授予变现这些捐赠的权力，以及基金会能否在某个期限内使用这个权力，这些都需要和捐赠人沟通确认，并明确遵守。

3. 后续的执行和汇报

捐赠只是一个开始，从国外案例来看，大量捐赠者都是持续捐赠。如果没有完善的制度和体系持续保证与捐赠人的沟通以及后续的报告和服务，金投赏的捐赠制度就很难长久发展下去。

捐赠资产的管理和增值

目前，金投赏已经在合规委员会下设立这样的角色，用来盘点金投赏的资产，包括有形资产和无形资产。

从国外经验来看，很多基金会的不断壮大离不开管理团队将善款持续用于投资获得增值，包括诺贝尔奖也是一样。

随着金投赏的壮大，无论是金投赏运营产生的收益，还是捐赠产生的收益，都会是整个金投赏基金会的核心资产。当然，理事会也需要根据不同的发展时期和阶段，设计不同的投资策略，稳健地帮助金投赏实现资产发展和升值。

在构建整个组织的时候，可以看到，捐赠是我们未来的核心竞争力，但我们并不希望以捐赠的多少或金额的大小来定义他们的贡献。

因为对于金投赏来说，每个会员都是非常重要的，他们所在社会中的角色和工作大不相同，所以我们会统筹看待每个会员对金投赏长期目标发展和方向的贡献。

以上事项在 2021 年 3 月 25 日理事会讨论通过后，捐赠的比特币终于有了下文。

第一，捐赠人授权我们理事会可以将比特币变现的权力，变现时间可适时调整。

第二，关于变现后捐赠人的意愿，因为金投赏基金会设立在香港，目的是通过全球化更好地推动中国商业创意，所以未来这笔钱可以用于在香港购置一个金投赏办公单元，置于基金会名下，永续传承下去。

第三，金投赏合规委员会新吸收一名会员黄勇，他主要负责金投赏基金会旗下所有有形和无形资产的管理与投资，而这一切都将见证我们的成长历程。

在 2021 年 9 月，合规委员会以及捐赠者都一致认为必须完全遵守中国的法律法规，最终放弃了选择用虚拟货币来进行持有和捐赠。

第二章

金投赏背后的操盘手们

从每一年金投赏领袖高峰论坛的主题设置、赞助商的引入，到年会上由谁来当主持人这样的细节，一群来自四面八方、不同行业不同企业的会员们都在帮助我们操持。2020 年，我委托纪录片《大国崛起》的导演周艳及其团队帮我们拍摄了一部纪录片《相信》，讲述了金投赏背后的"志愿者们"缘何由一个共同的目标走到一起，又因为相信的力量推动金投赏走得更远。

"从创业到现在，我们没有卖过一个奖项。"

——贺欣浩，金投赏创始人兼总架构师

"希望金投赏能让中国的这个行业跟世界持平。"

——苏同，华扬联众创始人兼董事长

"总的诉求是希望能够看到这个行业的趋势。"

——孙学，华扬联众首席运营官

"人家戛纳做了几十年，这么多大佬参与，我们怎么才能追上它呢？"

——蒋青云，复旦大学教授

"和一群靠谱的人在一起，做一件靠谱的事。"

——张斌，上海观池文化传播有限公司董事长

"我们希望有这样一个社会化组织，能更长远地伴随这个行业。"

——杜红，新浪总裁兼首席运营官

"我已经有本能地有愿望地加入这个力量来做这件事情。"

——王高，中欧国际工商学院教授

"他一开始就告诉我们，没有任何酬劳可以拿。"

——许戈辉，知名主持人

"他眼里的光芒告诉我，他不是骗子。"

——胡海泉，著名歌手、投资人

不知不觉，金投赏已经陪伴了大家十四个年头。

十四年光阴，年复一年的创意碰撞，金投赏播下的种子会生长出什么？

当我们面对着金光熠熠的舞台时，让我们动心的又是什么？是那相互激励的瞬间，还是追逐使命的岁月？

在我们追逐西方优秀创意节的奋斗进程中，不禁在想：一个有希望的行业不能没有先锋，属于我们的未来在哪里？又是谁在背后一直与我们同行？

目前，金投赏理事会有 43 名会员，其中 22 位理事，9 位常务理事。这些会员都是中国文化创意行业的翘楚，他们中有的是 500 强公司的高管，有的是新兴创业公司的创始人、"独角兽"企业的一把手。他们中任何人操盘的公司市值、营业额都远远超过金投赏目前的规模，但在他们接触金投赏的或长或短的时间里，都倾其所能在理事会中贡献了才华和智慧，甚至付出了大量的时间。

接下来，我按照他们与金投赏接触的时间顺序，和大家分享几个理事会成员伴随金投赏一起成长的故事。

胡海泉

他眼里的光芒告诉
我，他不是骗子

胡海泉在 2013 年金投赏国际创意节现场

　　胡海泉接触金投赏的时间可以追溯至 10 年前的第四届金投赏国际创意节。为了写这本书，我去查了一些背景资料，发现我们最早的常务理事之一胡海泉出席金投赏的次数绝对属于前列。每次理事会议和会员大会，胡海泉只要应允参加，基本无中途退场或者缺席的情况发生。作为商业委员会副主席，在推动金投赏更好地打造商业项目上，他也出了不少主意。这几年来，胡海泉也在不断开拓自己的边界，尝试各种商业项目，从歌手转型为投资人，他一直没有停止过对金投赏的贡献和付出。

胡海泉在 2020 年金投赏颁奖典礼现场

胡海泉在 2018 年金投赏颁奖典礼

出席金投赏会员大会的胡海泉

　　"从第一天我认识他的时候他就在讲，他要把金投赏变成全球最重要的广告分会、广告节。当时我说，这兄弟挺敢想啊。"胡海泉在接受纪录片采访时说道。我私底下以为，可能是我眼里的光芒吸引了他。

　　虽然胡海泉是一个公众人物，但他一直十分谨慎于参与各种社会组织。问及为何十年来对金投赏如此热忱，胡海泉的回答是，每年金投赏的活动做得非常辛苦，但真正的收入其实非常有限，其实驱动金投赏不断办下去的是梦想，中国好几代创意人的梦想。

许戈辉

你不仅见证了这个时代的发展，而且你参与了它，在某种程度上你推动了它，这还不够刺激吗？

许戈辉在 2015 年金投赏国际创意节现场

　　许戈辉，凤凰卫视的当家花旦，连续 4 年被世界品牌实验室评为"中国十大最具价值主持人"，曾主持多个大型节目直播。除了重量级访谈节目《名人面对面》外，她分别于 2011 年、2013年开始主持《与梦想同行》《公益中国》等公益节目，助力公益组织。同时，她还担任中国扶贫基金会"母婴平安 120 行动"项目的形象大使、宋庆龄基金会理事，以及中国残疾人联合会爱心大使。

　　"一开始就告诉我们大家，没有任何的薪水拿，没有任何的酬劳拿。"2012 年接触金投赏的知名主持人许戈辉，现在挂职金投赏理事会公益委员会主席。如何用公益赋能创意，如何联合更

2013 年 11 月 15 日，许戈辉（右）在金投赏国际创意节现场

在 2020 年金投赏国际创意节上，许戈辉代表公益委员会发表让创意赋能
公益的演讲

许戈辉在 2020 年金投赏颁奖典礼上

多的机构、平台甚至政府组织参与，是许戈辉和公益委员会一直不断在探索和讨论的方向。

这么多年来，许戈辉在创意节期间经常被众多品牌邀请担任高峰论坛的主持人，但作为常务理事的她，一直是坚守岗位直到最后的颁奖典礼晚宴，因为她要作为颁奖嘉宾给获奖公司颁奖。全心投入的许戈辉给我们的回答是："你不仅见证了这个时代的发展，而且你参与了它，在某种程度上你推动了它，这还不够刺激吗？"

杜 红 ||||||||||||||||||||||||||||||||||||||||||||||||

我们身处创意行业，组织结构也必须创新

第五届金投赏国际创意节上，杜红作为金投赏战略合作伙伴新浪的代表发言

杜红，新浪总裁兼首席运营官，曾登上福布斯中国科技女性榜。杜红是从 2007 年开始接触金投赏的，值得一提的是，在过去十余年间，新浪和微博一直是金投赏密不可分的战略合作伙伴，对此我十分感恩。

杜红现在是金投赏理事会会员委员会的主席，所有新会员的加入都要以她为核心展开考核、吸纳等工作。每次新会员加入之前，杜红都会反复问自己这样的问题：它不是一个公司，也不是一个行业协会，加入的这些会员们，都是来自五湖四海不同的行业，有不同的角色，同时也有自己的本职工作。怎么样才能够形成一个有凝聚力的社会化组织？

作为会员委员会主席的杜红给新会员颁发聘书

杜红和会员委员会理事卞霞文在一起

"创意产业不仅仅是指产品创新、内容创新，组织结构也应该体现创新性，也是摸着石头过河。"杜红建议，把理事会按照需求分成不同的委员会，由每一个人去想"我的特长、我的作用、我的价值在哪里"，我们不能说现在已经走得很通顺、已经成功了，"我觉得我们还处在摸索的一个过程，希望有更多的人、更多的公司带着更多的想法加入进来，共同去做一些更有趣的事情"。

苏 同

中国的创意必须跟
世界齐平

苏同代表商业委员会在会员大会上发言

　　苏同是华扬联众的董事长，一家市值 40 亿元公司的当家人。每一年，华扬联众都是金投赏高峰论坛的参与者，除此之外，苏同的另一个身份是金投赏理事会商业委员会的主席，苏同带领着商业委员会指引金投赏的商业化方向。

　　从高峰论坛 48 家合作伙伴的引入，到赞助商提供赞助和在线版权销售，甚至是金投赏 IP 产品的孵化，从成熟的产品到衍生产品、未来产品，这些都是商业委员会要倾力打造的。

2020 年金投赏国际创意节上，苏同与嘉宾讨论 KOL 营销的实效正解

　　在众多委员会当中，商业委员会面临的挑战是比较大的，随着营销环境的变化越来越快，我们需要去打造迎合当下趋势的产品，商业委员会内部经常会讨论如何去帮助金投赏在稳固基础的前提下有更多元化的收入，比如将业务从营销类扩大到工业设计领导。

2016 年金投赏国际创意节华扬联众专场，苏同跟赵又廷、华少共同讨论原创之路

　　当被问及缘何对金投赏情有独钟，苏同的回答是"你觉得这件事有价值，你就会去做"。当然，我知道他有一个更远大的梦想，那就是让中国的创意跟世界齐平。

白 涛 ||||||||||||||||||||||||||||||||||||||||||||||

我一直觉得激发人
的思想的东西，其
实是挺令人兴奋的

白涛在 2021 年金投赏会员大会上代表合规委员会发言

白涛是君合律师事务所合伙人，也是金投赏首批五位常务理事之一。2012年我开始萌生建立基金会的想法，那时刚好认识了白涛律师。如果说金投赏是一艘乘风破浪的大船，那么白涛带领的金投赏理事会合规委员会就是让我们一直安全前行的保障。

"所有这些参与者是比较松散的，就必须用一个制度的形式，使它自己就能够运转起来。"说到金投赏理事会的管理，白涛认为因为会员来自各个地方和企业，当投入到金投赏中，就需要用制度的形式来确保运转。

从筹建金投赏基金会开始，白涛就带领合规委员会投入基金会整个法律框架的建设当中，同时在香港的筹划和备案工作也在有条不紊地进行。"香港公司一定要有一个基金会，我们把它建立起来，在合规委员会的指导下与他们对接，和他们沟通各项要求。"

白涛强调也要保护金投赏的有形和无形资产。IP是金投赏最大的财富，是我们最值钱的东西。目前我们已经在世界很多重点地区，把金投赏的知识产权保护起来。此外，金投赏的奖项作品、对外传播、商业赞助等规范化、细节问题都涉及合规委员会。

白涛一直跟我说，该怎样才能有一个模式，让大家觉得有一个归属感。"你要是看到一帮很厉害的人在你前面耀武扬威，其实对你自己的成长是一个很大的促进。"白涛说道。

白涛在 2021 年会员大会上代表合规委员会发言

如果说以上我介绍的都是实践派专家，那么接下来我要介绍两位来自高校、学术派的教授，他们从担任金投赏的评委开始，频繁地与金投赏接触。原先他们都认为金投赏和市面上的其他奖项并无二致，后来他们觉得从透明、公正、公平来说，目前国内唯有金投赏可以与全球其他顶尖创意奖项相媲美，于是毫不犹豫地成为理事。2021 年 3 月，经过集体表决，我们邀请王高教授和蒋青云教授担任金投赏常务理事。

王 高 ||||||||||||||||||||||||||||||||||||||||||||||||||||||

我更热衷于为中国
创意搭建一个好的
平台

王高在第九届金投赏国际创意节上

　　王高博士是中欧国际工商学院市场营销学教授，他曾在美国信息资源有限公司（IRI）担任高级咨询师，负责营销模型开发，还曾在休斯敦的可口可乐分公司美之源工作了两年，担任战略分析部经理，负责销售规划与评估、营销战略规划等工作。回国后，他还为联想、强生、李宁、神州数码、美国通用汽车、上海卡通集团等企业担任咨询顾问。

　　不仅有着深厚的学术功底，而且在实战方面也有诸多经验的王高教授，对金投赏来说是一笔不可多得的财富，于是在委员会分工的时候，他当仁不让地担当起奖项委员会主席的角色。

　　作为奖项委员会主席，必须提前一年规划下一年度金投赏商

王高和奖项委员会成员在一起

业创意奖的奖项分类，评估是否引入新的类别，以及哪些类别不再适合目前的营销发展趋势。此外，每年的评审工作不仅复杂而且工作量大，以 2021 年为例，我们将邀请 110 位来自各行业的 CMO 或 CEO 代表担任评委，这些都是奖项委员会的工作内容。

王高说："一开始我也以为金投赏和别人差不多，但现在我已经本能地有愿望加入。"我想，真正吸引王高教授的是，那些成就、资历比我高很多的人在一起实现一个共同的目标，尽自己的一份努力，为中国的创意环境搭建一个平台，促使这个行业更好更健康地发展。

蒋青云 ||||||||||||||||||||||||||||||||||||||||||||||||||||

我们瞄准的是全球
一线

蒋青云代表研究委员发布白皮书报告

蒋青云教授是金投赏理事会研究委员会的主席，在课堂内外，他一直向学生们推荐金投赏，一手打造了金投赏案例周活动，来自全国各地营销研究领域的教授们从理论出发结合实际，对金投赏的获奖案例作品进行点评。在过去多年时间里，金投赏的获奖作品已经被多所知名 EMBA、MBA 当作课堂案例，而全国知名高校教授汇聚一堂共同学习和点评，还是仰仗蒋青云教授的号召力。

蒋青云现任复旦大学管理学院市场营销学教授、博士生导师，兼任中国高校市场学研究会副会长、《营销科学学报》理事会副理事长及副主编、上海市市场学会副会长。

2017 年起，蒋青云教授领衔开发和创制的"外滩·中国企业品牌创新价值排行榜"获得了广泛的社会影响。此外，蒋青云教授还是复旦大学管理学院"价值共创卓越企业社会责任优秀案例"年度评选专家组的召集人。

蒋青云教授带领金投赏研究委员会每年要针对获奖案例作品及其公司制作白皮书，比如 2020 年创意节期间对外发布的创意白皮书，第一次公布从金投赏 6 147 件获奖案例中发现的商业增长规律。

"人家戛纳做了几十年，全球有那么多知名的大佬和明星参与，我们怎样去赶上它呢？"蒋教授认为，作为大中华地区首屈一指的奖项，金投赏需要更多地考虑如何去接近全球一线奖项的水平。

孙 学 ||||||||||||||||||||||||||||||||||||||||||||||||||

金投赏不是一个用
收入和成本去衡量
的商业组织

以金投赏商业创意奖评委身份发言的孙学

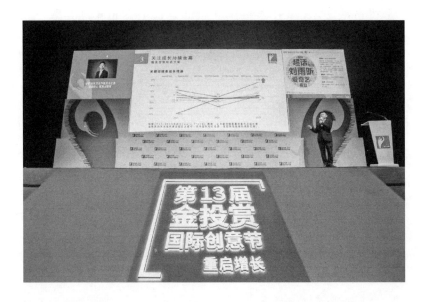

孙学以金投赏理事会宣传委员会主席身份，在金投赏国际创意节上介绍金投赏品牌的发展历程

　　孙学，现任华扬联众首席运营官，对如何在中国市场建立豪华品牌有独到心得，并开创多个跨越传统与数字媒体的整合营销案例。尤其在汽车领域，他曾持续服务荣威品牌8年，沉淀深厚。在他的带领下，荣威品牌从一块车标的设计开始，时至今日已成为中国自主汽车品牌的行业标杆。

　　2003年，孙学开始接触金投赏的前身——《第3种人》，连续18年，金投赏每一年的主视觉设计都是由孙学及其团队亲自操刀。孙学在金投赏每一个品牌发展历程中都倾注了灵感和付出。不仅如此，金投赏在每个发展阶段，都有幸得到孙学的指点，例如，金投赏从 2018 年开始每年在启动仪式上宣布年度主题、每年引入近 20 家体验合作伙伴……2020 年金投赏国际创意节在 4 天时间收获总曝光 11 亿。作为一个奖项，这样的高度是后来者需要很长时间去追赶的。

作为金投赏理事会宣传委员会主席，孙学不仅要和委员会内部的理事、会员协调资源，还要参与评估金投赏年度的市场工作，甚至还要接收来自其他委员会摊派的"任务"，而这一切，均来自他对金投赏的热爱。

孙学和张斌在讨论

孙学认为，作为一个非营利性组织，不管是设置奖项还是举办创意节，完全不可能用收入和成本这个逻辑去看。"他（贺欣浩）想去完成的使命确实是超越了一般的公司形态。"关于金投赏的使命、愿景、价值观的文字表述就是孙学一再斟酌、提炼出来的。

篇幅有限，其他会员与金投赏结缘的故事在这本书里无法一一展开讲述，这里仅叙述第一批常务理事和较早接触金投赏的大佬们的一二事迹。我希望在下一本书里能够再和大家分享。

这个世界上顶尖的创意赛事有很多，但亚洲的赛事却始终缺少自己的那个份额。

我们也要感谢这份不圆满，让我们有机会见证一代杰出广告人内心最强烈的渴望与信念，他们因信念而砥砺前行，也因前行中让金投赏更加接近信念，并为实现金投赏未来成为全球三大创意奖项而不断努力。

第三章

操盘手的背后
——金投赏各委员会的协调运作

金投赏理事会成立以来，所有理事、会员不断加深对金投赏整体发展的愿景和使命的理解，同时也在各自所属的委员会内部规划了各自具体的发展方向。此外，各个委员会之间逐步建立起相互协调机制，使得理事会能够越来越顺畅地运转，越来越能够发挥引领作用，驱动金投赏不断前进。

2020 年度，金投赏理事会明确了各个委员会的工作职能安排。

1．会员委员会

主要负责新会员的发展、会员考核统计和嘉奖、会员网络的管理和建设、海外分支架构的管理，以及金投赏的组织文化建设。具体如下：

（1）负责金投赏章程的内容审

核、修订和完善；

（2）每年按金投赏章程有计划地发展新会员，并完善会员条件；

（3）每年按金投赏章程对会员（包括理事）的会籍进行管理，并优化贡献记录内容，并确保其客观和公平；

（4）每年负责筹备和召集会员大会，对会员进行表彰。

2. 公益委员会

获得更多相关机构的支持。因为树立良好的美誉度，能够长远促进金投赏可持续发展，包括对于奖项参赛，峰会门票，以及未来基金会捐赠等。

传播推动"商业创意＋公益创新"，充分发挥金投赏自身特色优势，为打造中国公益新生态助力。

3. 商业委员会

负责金投赏整体商业开发的体系设计。在符合金投赏使命、愿景的前提下，最大化地发掘金投赏奖项、创意节以及相关内容的商业价值，帮助金投赏实现稳定的商业收入，从而为金投赏发展提供充分保障。

4. 合规委员会

愿景：助力金投赏成就全球百年品牌。

使命：协助金投赏基金会建立高效的合规体系，涵盖法律，财务，内部控制，商业伦理等方面，以防范和应对外部与内部的各类风险。合规主要指制度的合规、财务的合规、伦理的合规。

5.奖项委员会

奖项委员会主要负责金投赏商业创意奖的体系设计，保持其专业性和创新性，使之未来成为全球三大创意奖项。体系设计包括三个方面：奖项的类别设计；奖项模型的完善和优化；奖项的跟踪和研究。

6.研究委员会

主要负责构建整合型资源平台，致力于优秀商业创意的智能化，从事管理、研究和传播，进而助力金投赏的影响力提升，以及社会责任的践行。

7.宣传委员会

（1）品牌管理规范的制定。包括品牌定位、传播的目标人群定义、核心品牌内容、视觉传播规范等等。

（2）传播计划的审核指导。包括年度传播的方向把控，监督品牌传播的规范执行等。

（3）宣传资源的推荐建议。包括各类传播渠道资源、制作资源、艺人资源等的选择推荐及合作建议。

（4）具体执行项目的参与支持。宣传委员会成员在擅长的领域调动自身力量支持金投赏宣传工作。

8. 秘书处

（1）支持和协助各委员会开展工作。

（2）负责理事会及其下各委员会与执行机构的沟通工作，包括向执行机构传达委员会制定的各项规则和标准以及工作要求，听取执行机构工作汇报等。

（3）组织召开理事会议，每年准备理事会工作报告。

（4）在已建立的所有委员会职责之外的理事会工作内容，也将由秘书处全权负责处理。

下面，就让我们来看看各个委员会具体是如何开展工作的。

合规委员会

我们要保护什么

随着理事会体系的不断完善，各个委员会的工作分工也逐步清晰与明确起来。

在前文我们提到，目前理事会已经收到两笔捐赠，分别是 100 万元的现金以及 10 枚比特币的虚拟货币。这部分有形资产已经置于合规委员会管理之下，进行了妥善保管。而其他一些无形资产也都在经过细致的整理之后，逐步置于合规委员会的监督与管理之下。

金投赏的无形资产主要包括商标、域名与知识产权，具体包括以下方面：

1. 商标类

（1）"ROI FESTIVAL" ＋金投赏图形 LOGO

（2）"金投赏"中文文字

（3）"金投赏图形 LOGO"

附录 1　金投赏商标明细

序号	商标号	商标名称	类别	注册地	注册时间
1	39200857	金投赏	3	中国大陆	2020/3/21
2	39200856	金投赏	5	中国大陆	2020/6/21
3	39200845	金投赏	8	中国大陆	2020/2/28
4	39200844	金投赏	9	中国大陆	2020/7/21
5	39200843	金投赏	12	中国大陆	2020/3/21
6	39200842	金投赏	14	中国大陆	2020/5/28
7	39200841	金投赏	18	中国大陆	2020/3/21
8	39200840	金投赏	20	中国大陆	2020/3/21
9	39200839	金投赏	21	中国大陆	2020/3/21
10	39200838	金投赏	24	中国大陆	2020/3/7
11	39200837	金投赏	25	中国大陆	2020/3/7
12	39200836	金投赏	28	中国大陆	2020/3/7
13	39200835	金投赏	29	中国大陆	
14	39200834	金投赏	30	中国大陆	
15	39200833	金投赏	32	中国大陆	
16	39200832	金投赏	33	中国大陆	2020/3/7
17	39200831	ROI FESTIVAL＋图形	3	中国大陆	2020/3/21
18	39200830	ROI FESTIVAL＋图形	5	中国大陆	2020/3/21
19	39200829	ROI FESTIVAL＋图形	8	中国大陆	2020/3/21
20	39200828	ROI FESTIVAL＋图形	9	中国大陆	2020/3/21
21	39200827	ROI FESTIVAL＋图形	12	中国大陆	2020/3/21

（续表）

序号	商标号	商标名称	类别	注册地	注册时间
22	39200826	ROI FESTIVAL＋图形	14	中国大陆	2020/6/21
23	39200825	ROI FESTIVAL＋图形	18	中国大陆	2020/3/21
24	39200824	ROI FESTIVAL＋图形	20	中国大陆	2020/3/21
25	39200823	ROI FESTIVAL＋图形	21	中国大陆	2020/3/21
26	39200822	ROI FESTIVAL＋图形	24	中国大陆	2020/3/21
27	39200821	ROI FESTIVAL＋图形	25	中国大陆	2020/3/14
28	39200820	ROI FESTIVAL＋图形	28	中国大陆	2020/3/28
29	39200819	ROI FESTIVAL＋图形	29	中国大陆	2020/3/28
30	39200818	ROI FESTIVAL＋图形	30	中国大陆	2020/3/28
31	39200817	ROI FESTIVAL＋图形	32	中国大陆	2020/3/28
32	39200816	ROI FESTIVAL＋图形	33	中国大陆	2020/3/14
33	39200815	ROI FESTIVAL＋图形	41	中国大陆	2020/10/7
34	40027367	ROI FESTIVAL＋图形	41	中国大陆	2020/3/28
35	8093048	金投赏	41	中国大陆	2011/3/21
36	8093049	金投赏	35	中国大陆	2011/3/28
37	17930346	金投赏	16	中国大陆	2016/10/28
38	17930462	金投赏	38	中国大陆	2016/10/28
39	17930609	金投赏	42	中国大陆	2016/10/28
40	18003433	图形	41	中国大陆	2018/4/14
41	18003435	ROI FESTIVAL＋图形	43	中国大陆	2017/9/7
42	18003436	ROI FESTIVAL＋图形	42	中国大陆	2017/9/7
43	18003437	ROI FESTIVAL＋图形	41	中国大陆	2018/1/14
44	18003438	ROI FESTIVAL＋图形	38	中国大陆	2017/2/7
45	18003439	ROI FESTIVAL＋图形	36	中国大陆	2016/11/14
46	18003440	ROI FESTIVAL＋图形	35	中国大陆	2017/9/7

(续表)

序号	商标号	商标名称	类别	注册地	注册时间
47	18003441	ROI FESTIVAL＋图形	16	中国大陆	2017/9/7
48	18003441A	ROI FESTIVAL＋图形	16	中国大陆	2016/12/14
49	22219747	金投赏	9	中国大陆	2018/1/28
50	22219928	金投赏	39	中国大陆	2018/1/28
51	22220017	金投赏	43	中国大陆	2018/1/28
52	22220327	金投赏	44	中国大陆	2018/1/28
53	22220643	金投赏	45	中国大陆	2018/1/28
54	1318152	ROI FESTIVAL＋图形	16；35；36；38；41；42；43	马德里（包含：澳大利亚,印度,日本,墨西哥,韩国,英国,美国,法国,德国,意大利,俄罗斯联邦,西班牙）	2016/4/27
55	1318152	ROI FESTIVAL＋图形	16；35；36；38；41；42；43	日本	2016/4/27
56	1318152	ROI FESTIVAL＋图形	16	韩国	2016/4/27
57	016147993	金投赏	41	欧盟	2016/12/9
58	5692246	金投赏	41	美国	2019/3/5
59	303988360	金投赏	41	中国香港	2016/12/9
60	01858999	金投赏	41	中国台湾	2017/8/1
61	5273430	ROI FESTIVAL＋图形	16；35；36；38；41；42；43	美国	2017/8/29

2. 域名类

域名	内部定义
roifestival. com	核心（商标名称）
roifestival. cn	核心（商标名称）
jintoushang. org	核心（中文名称拼音）
roifestival. org	核心（商标名称）
jintoushang. com	核心（中文名称拼音）
roifestivals. com	防御性注册
ROIFESTIVALS. ORG	防御性注册

3. 知识产权类

所属人	专利号/证书号	名称
贺欣浩	ZL201630060780. 9	外观设计专利-(奖杯)
上海金投赏文化传媒有限公司	2013SR074457	软件著作权-(金投赏广告行业电子黄页软件)
上海金投赏文化传媒有限公司	2017SR351542	软件著作权-(金投赏作品系统)
上海金投赏信息科技有限公司	2017SR076008	软件著作权-(金投赏创意领袖峰会会议管理软件)
上海金投赏信息科技有限公司	沪 RC-2018-5142	软件产品证书-(领袖峰会会议管理软件)
上海金投赏信息科技有限公司	沪 RQ-2019-0118	软件企业证书

早在金投赏理事会正式成立之前，金投赏就经历过商标侵权的困扰。

2015 年，金投赏在厦门大学举办营销峰会活动，得到福建当地很多品牌企业的关注，但与此同时，也因此受到一些投机分子关注——我们很快发现"金投赏"及"ROI Festival"等商标 30 类食品，以及 14 类珠宝钟表遭遇抢注；通过商标咨询机构查询，抢注方是福建当地注册的小型企业。

当时我们对于商标保护方面完全没有经验可言，甚至在开始时都无法判断应该选择什么样的商标咨询机构来支持我们开展相应的商标保护工作。后续在申请商标复议过程中，我们也是在不断摸索经验，包括收集整理过往许多届金投赏活动举办的资料，以证明我们有关"金投赏""ROI Festival"的商标使用远远早于抢注方的申请时间。

这是一个非常痛苦和漫长的过程，但也是通过这样的过程，我们逐步认识到无形资产保护的重要性。因此，在金投赏理事会创立之际，我们非常重视这一点，并引入君合律师事务所的白涛律师与普华永道会计师事务所的合伙人潘振翔搭档组成了合规委员会，并在之后继续引入知识产权保护方面非常资深的集佳律师事务所创始人李雷以及具有丰富投资经验的宝捷会创新消费基金创始合伙人黄勇两位会员加入，由他们一起共同负担起对金投赏有形资产及无形资产的管理工作。

在商标管理方面，一方面我们在中国大陆地区完善了更多商标类别下的申请保护工作，另一方面着眼于金投赏助力全球企业成长的目标，积极布局全球范围内的商标保护，积极在我国港澳台地区以及日本、韩国等地进行商标注册，同时通过马德里国际商标注册体系，展开更多在欧洲及美洲国家的高效注册。同时我们也应对部分注册国家对于"商标不使用"而造成"撤销风险"的情况做了了解与研究，并积极寻求这种状况下的有效商标利用，从而实现商标保护。

相比较而言，域名及知识产权保护方面，目前工作内容相对简单，通过设置专人对相关内容进行核查以及面向合规委员会做规划的机制来实现。

除上述内容外，金投赏还有一项最为重要与核心的无形资产——金投赏作品案例。历经14年的发展，过往13届金投赏的积累，金投赏共保存有33 450件作品，其中视频文件22 657条，其余为PPT、图片、音频等形式，共计约2.5 TB。

根据金投赏与所有参赛公司达成的参赛协议，所有案例作品"知识产权归属参赛方所有，但金投赏获得其授权，拥有免费、非独家、可转授权、不限次数地使用参赛作品的权利，金投赏及其指定方有权在全球范围内，销售、出版、发行、出租、展览、放映、广播、公开发表、复制、改编、汇编、剪辑、翻译参赛作品或使用参赛作品及其相关素材自行剪辑宣传片段或编辑宣传文案或以其他方式制作参赛作品的衍生产品"。

对于这部分"重要资产",金投赏面临两个重要挑战:一是如何保存,二是如何利用。

奖项发展初期,在作品保存方面,我们就曾经历过因电脑硬盘故障,不得不从硬件修复到数据恢复,再到将恢复出来的无序数据文件通过人工整理,重新进行参赛序号编码的惨痛教训。目前在合规委员会的指导下,所有参赛文件均以线上云盘、线下磁盘阵列服务器同步保存,通过多重机制保证作品数据的绝对安全。

而在如何利用方面,合规委员会协同理事会下的奖项、研究、商业等多个委员会,不断积极探索,致力于在符合参赛公司与金投赏的授权约定前提下,发掘这些作品的价值,使其能够最大化地为行业服务,为推动中国商业创意进步服务。

研究委员会

案例周的诞生

金投赏研究委员会是金投赏理事会内部非常有实力的委员会，主席和副主席分别是来自复旦大学市场营销系的蒋青云教授和知名市场研究机构明略科技的联合创始人闫曌。

会员包括来自普华永道数字化体验中心的叶慈平，营销机构映天下的创始人艾勇以及数字营销公司致维科技的 CEO 刘维，具有产学研相结合的巨大优势。

2020 年，研究委员会圆满地完成了金投赏案例库数字标签升级项目，以及金投赏案例作品研究白皮书的发布。在此基础上，研究委员会在蒋青云主席的带领下，在当年末又抛出了"王炸"——金投赏案例周。

在 2020 年 10 月金投赏创意奖颁

奖典礼结束后，蒋教授就敏锐地捕捉到每年由复旦大学市场营销系参与主办的"中国高等院校市场学研究会案例教学培训"活动与金投赏奖项的天然联结：金投赏的商业创意案例内容，能够非常好地延伸拓展为高等院校市场学的教学案例，而且金投赏呈现的是最新一年的营销案例，其时效性和代表的最新营销趋势，是相对传统的教学案例所不具备的。

在蒋教授的领导下，研究委员会协同金投赏秘书处快速开始与复旦大学以及中国高等院校市场学会展开协作沟通。那时正逢新冠肺炎疫情在上海有所反复，活动举办计划一波三折，原定于11月中旬举办的活动因为疫情一直被拖延而无法确定；原定活动地点——复旦大学史带楼会议中心，也不再是首选地点。直到12月中旬，在做好疫情防控措施的前提下，整体活动计划才明确下来，而此时距离最终确定的举办日期只有不到2周的时间。

最终中国高等院校市场学研究会案例教学培训活动定于2020年12月23日至24日在复旦大学史带楼会议中心举办，而金投赏案例周作为活动的一个重要环节，在23日下午举行。

虽然受疫情影响，很多外地嘉宾未能按计划现场出席，而是改为以2020年流行的云参会方式加入，但仍有超过50位来自上海和长三角地区的高校教授出席会议，而线上参与的教授更是超过百位。

为了能够让与会的市场学会的教授与专家，以及更多学术领域同仁了解金投赏，研究委员会非常精心地策划了为时半天的活动内容，首先是最重要的案例部分分享，特别邀请了 3 位金投赏大奖获奖公司代表，分别是：年度刷屏的现象级视频《后浪》创作公司胜加广告；金投赏媒体公司组全场大奖获奖公司抖音；金投赏长期品牌获奖公司，也是百事可乐 10 年服务代理公司文明广告，带来他们的全场大奖作品解析。

同时，我们也邀请了王雪华教授（华东师范大学亚欧商学院）、周欣悦教授（浙江大学管理学院）、朱虹教授（南京大学商学院）、伍青生教授（上海交通大学）等多位教授与获奖公司代表同台交流、点评。此外，研究委员会的其他几位委员也分别带来了营销领域最前沿的 MCN 与短视频方向的行业洞察分享。

本次案例周活动最终取得了非常圆满的结果，到会的高校市场营销领域教授对于金投赏案例给予高度肯定，更有 10 余位教授现场签约成为首批金投赏案例库学术合作公益计划的代表，他们分别是洪洁雯（香港科技大学商学院）、金立印（复旦大学管理学院）、吕巍（上海交通大学安泰经管学院）、彭泗清（北京大学光华管理学院）、万雯（香港大学经管学院）、汪涛（武汉大学经济与管理学院）、林宸（中欧国际工商学院）、伍青生（上海交通大学安泰经管学院）、许晖（南开大学国际商学院）、叶巍岭（上海财经大学商学院)、郑毓煌(清华大学经济管理学院)。

相信在研究委员会和众多高校教授的共同推动下,金投赏案例作品将能够更好地在学术领域发挥价值,在更大的范围内为中国商业创意的发展起到推动作用。

此次案例周活动得到包括新华网、中国日报、大洋网、中国社科网等在内的大众及专业媒体的大量报道和肯定,也给到众多金投赏参赛公司的很大鼓励。金投赏奖项本身带给参赛公司的是专业上的权威认可,而通过案例周活动,更是在学术角度对于案例以及案例背后所代表的商业创意方法、营销模式创新给予了高度评价。

同时参赛企业通过与学术专家的交流碰撞,也为其带来营销创新思路上更大的启发,众多参赛公司纷纷提出希望案例周活动能够延续举办下去,成为每年的固定活动,并希望能够积极参与其中。所有这些都是对研究委员会全体会员努力付出的最好回报,也是促使研究委员会进一步推进相关研究工作的动力。

金投赏理事会内部对于此次案例周活动也给予了最高的评价,并将理事会针对会员的年度特殊贡献的殊荣颁发给了研究委员会主席蒋青云及所属会员;并决定在未来继续加大资源投入,每年持续性地举办金投赏案例周活动。

会员委员会

如何吸纳会员

吸纳会员是金投赏组织的基础建设，只有认同金投赏使命、愿景和价值观的会员，才能成为金投赏组织稳健持续发展的基石。

那么，如何吸纳到志同道合的会员呢？

首先，我们认为那些过去默默支持金投赏的伙伴们，已经在用行动践行金投赏的价值观，因此他们理应成为金投赏的会员。为此，在金投赏创始人贺欣浩的带领下，执行机构回顾了金投赏发展中的重要历程以及背后付出的业界人物，贺欣浩开始和这些伙伴们一一沟通，并得到了大部分伙伴的认同，他们在 2020 年成为金投赏的第一批理事。

其次，在第一批理事组成的理事

会的带领下，金投赏组织开始将吸纳新会员作为重要的议事日程。

和第一批理事不同，新会员有可能对金投赏的了解还不够，也未对金投赏做出过贡献。那么，在新会员加入后，如何促使他们融入金投赏组织，并愿意为金投赏的发展贡献时间和专业呢？贺欣浩先生代表理事会提出了会员贡献记录制度，旨在通过客观记录会员（包括理事）为金投赏奉献的专业和时间，让每一位会员在金投赏组织中主动去找到自己在组织中的价值，从而推动组织发展。

同时，在正式会员的加入流程上，理事会也做了详细的规定：正式会员需要由理事推荐，经理事会讨论通过，且需要组织至少有3位理事参与的新会员沟通会。通过此流程，新会员有机会再次认识金投赏，特别是清楚地了解与接受金投赏的使命和价值观，同时也对理事会有初步的了解。

在进行会员贡献记录的基础上，为了更积极地吸纳新会员，同时又能把控好会员要求，理事会下的会员委员会在主席杜红女士的带领下，对普通会员和正式会员的招募流程做了梳理，简化了普通会员的加入流程，即普通会员由理事推荐，经会员委员会讨论通过即可；不再需要理事会表决同意，不需要组织新会员沟通会，也不需要加入理事会下的任何一个委员会。

相比正式会员，虽然普通会员的加入流程简化了，但还是要纳入会员贡献记录，只是不对全体会员公布贡献记录情况。如果普通会员的贡献记录良好，会员委员会将提名其为正式会员，提交理事会表决，若超过半数即可通过。正式会员须在理事会下委员会之一任职，任期不受届数限制，但年龄不应超过 60 岁。

吸纳会员是一项长期的系统工程，每年 3 月 1 日前（不含当日）和 8 月 1 日前（不含当日），有意愿成为金投赏会员的候选人都可提交会员申请。每年的新会员发展都会有一定的方向。2021 年的新会员发展方向是：年轻化、跨界、新经济、品牌、产品设计、投资。

最后，做好会员贡献记录在执行过程中的优化和完善，是会员委员会确保吸纳到符合要求的新会员的重要手段。同时，在新会员加入后，如何进一步加强新会员的价值认同，也是会员委员会的重要工作之一。

比如，2020 年春节期间的会员联谊会就是一个非常不错的尝试，得到了会员的赞同。未来，金投赏理事会也将组织新趋势主题分享，围绕"新"这个主题，赋能会员。

奖项委员会

新的奖项类别如何诞生

在金投赏过去十三届的发展历程中，建立评审标准，不断优化迭代奖项类别，是金投赏商业创意奖保持核心生命力的重要手段，这也是金投赏执行机构最为重视的工作。

从最初的制作类别到创意类别、数字类别与媒体类别的建立，2014年设立产品组，2015年设立海外组，2016年设立品牌公司组，通过对于行业变化的细致洞察，金投赏在奖项类别上一直与行业趋势保持同步，从而持续保持活力。

而在金投赏理事会成立后，评审标准与奖项类别的设计与迭代就成为奖项委员会的核心工作内容。在奖项委员会王高、须聪两位主席的带领下，有关奖项的研究与类别设置定义工作也得以更加细致与专业地展开。

比如说，随着直播电商、网红经济、电竞俱乐部、短视频营销等全新营销手段的快速发展，大量 MCN 公司快速出现并成长，统计数据显示，当年中国 MCN 机构的数量已突破 20 000 家。面对这些情况，第十三届金投赏执行机构做出响应，决定设立 MCN 赛道。

但有别于传统代理公司，MCN 有着完全不同的作业模式、营销理念，如何评价其在营销链路中为品牌带来的价值，如何评估不同 MCN 公司之间的能力范围，这些都是金投赏作为奖项评委需要为行业解决的问题。

面对这些挑战，在奖项委员会的指导下，同时在委员会副主席、麦当劳中国 CMO 须聪的大力支持下，金投赏邀请了 7 家中国顶尖 MCN 公司代表——映天下创始人艾勇、大禹联合创始人李永安、无忧传媒创始人雷彬艺、谦寻文化传媒 CEO 黄韬、飞博共创 CEO 伊光旭、滔博电竞总经理孙政、WE 电竞俱乐部创始人周豪汇聚在麦当劳中国总部，共同展开讨论。

通过此次研讨会，金投赏执行机构加深了对 MCN 机构的了解，也更加清晰了 MCN 赛道设置对于品牌主的意义。

再比如，2020 年 11 月，金投赏执行机构决定设置针对电商代运营公司的新赛道。通过前期的初步了解，我们看到，在电商代运营领域存在大量新兴的服务商，比较成熟的是天猫淘宝体系的 TP，而京东、腾讯、抖音、快手也都有各自的服务商。如何针对不同服务体系下的商业规则来设定金投赏的电商服务类别，是执行机构需要首先解决的问题。

相较上一年度，奖项委员会对于奖项类别的迭代有了更加体系化的处理流程。首先我们先在相对比较熟悉的 TP 领域展开了一轮调研，并得到以下结论。

目标参赛公司有几类

第一种是代运营商，主要帮客户运营货品销售，内部成为"碰货"的公司，比如壹网壹创。此类代理规模众多，大大小小有四五千家。

第二种是效果广告服务商，主要帮助客户操盘自助式的效果广告，如电商站内搜索等。

第三种是针对电商头腰部客户的品效服务商，给客户提供"品牌＋部分效果广告"的综合服务，此类公司一般具备比较强的数据能力，和普通品牌代理公司不同，此类公司能够把品牌广告和效果广告的评估打通，输出整合案例。

第四种不触碰或者较少触碰营销广告，主要为客户提供电商数据的分析服务。

行业和市场规模

目前 TP 体系相对成熟的品效服务商有 50 家左右，规模较大的有 10 家，此类代理在市场上非常稀缺。如果加上具备品效电商能力的传统代理，则至少还可增加 4A 或传统代理共十几家。

服务产品和经营模式

与之前的公司类型相对应，第一种服务商通常具备卖货、网站设计、店铺装修等能力；第二种服务商即效果服务商，主要是具备软件开发能力。比如杭州光云，市值 100 亿元，就是通过软件覆盖电商客户；第三种品效服务商，则是完整的生意分析，及营销落地能力。这些服务商的提案基本是从生意分析切入；第四种数据服务商，主要是数据分析和策略输出能力，有些类似早期的策略公司。

通过此轮调研，我们大致对电商运营服务商的一个主要组成即 TP 服务商有了相对比较全面的了解。然后，奖项委员会继续安排组织一轮小范围的研讨会，邀请以上四类运营公司的代表——宝尊、联世传奇、多准以及点正对运营服务商在电商营销链路中所扮演的角色、发挥的作用、未来的发展方向展开讨论，并关联到金投赏的评审模型，以及评判标准，共同探讨奖项类别

81

如何设置，才能更好地将这一领域中公司特有的能力及价值呈现出来。

在这样的反复讨论和调研，以及不断的调整和改变，前后历时近一个月，奖项委员会终于确定了新的电商服务类别的设置定义。

电商服务：（Case Format）

CA-1401 电商运营：从建店策略到用户购买体验的店铺运营能力，其中包括店铺装修和设计。

CA-4006 公私域联运：为品牌提供公私域联动的运营服务，在实现高效私域用户沉淀的同时，持续运营公域与私域流量，提升品牌私域用户规模、黏性与复购率。

CA-8003 全链路整合营销：电商平台的营销活动和投放，可以是站内的，也可以是站内和站外，以及种草的全面电商链路的营销活动。

在奖项委员会的牵头带领下，通过这样的深入研究以及细致调整，金投赏才得以在最短的时间内，用自身不断的变化，迎接行业的飞速发展。而这也仅仅只是一个开始。

随着奖项进程的深入，执行结构也会不断将整体参赛状况，以及各个赛道下的参赛数据进行汇总分析，并提交奖项委员会审核，所有的类别设置也将不断根据行业的变化加以变革与调整。

推动中国商业创意发展是我们不变的使命，而不断创新、引领行业的趋势，使得奖项持续焕发新生，也是我们不变的追求。

第四章

最底层

——金投赏理事会的运作模式

　　前文提到了那些发生在理事会的人和事，大家难免会好奇：金投赏理事会的架构是怎样的？如何在这样的架构上搭建出不同的委员会？会员们如何在短时间内聚拢形成有效合力？每次会议召开如何保证高效率？

　　要回答这些问题，接下来我就要进行比较枯燥的讲述了。

金投赏理事会
是什么？

作为金投赏的最高决策机构，金投赏理事会集结了全中国最优秀的一批业界大咖。

通过创新管理体系与决策流程，金投赏已经逐步脱离了贺欣浩的个人标签，取而代之的是根据创意节和评奖需求下分的各个委员会——商业委员会、研究委员会、宣传委员会、奖项委员会、公益委员会、合规委员会、会员委员会和秘书处。

众多优秀的创意掌舵人把梦想凝聚起来，推动金投赏理事会做一件对中国创意有益的事，让世界看到我们中国的创意。

各委员会的具体职责

委员会	主要职责
会员委员会	主要负责发展新会员、会员考核统计和嘉奖、会员网络的管理和建设、海外分支架构的管理，以及金投赏组织的组织文化建设。
公益委员会	传播推动"商业创意＋公益创新"，充分发挥金投赏自身特色优势，助力打造中国公益新生态。
商业委员会	负责金投赏整体商业开发的体系设计，在符合金投赏使命和愿景的前提下，最大化地发掘金投赏奖项、创意节以及相关内容的商业价值，帮助金投赏实现稳定的商业收入，从而保障金投赏的可持续发展。
合规委员会	帮助金投赏基金会建立高效的合规体系，涵盖法律、财务、内部控制、商业伦理等方面，以防范和应对外部和内部的各类风险。
奖项委员会	主要负责金投赏商业创意奖的体系设计，保持其专业性和创新性，使之未来成为全球三大创意奖项。
研究委员会	构建整合型资源平台，致力于优秀商业创意的智能化管理、研究和传播，进而助力金投赏影响力提升，及社会责任的践行。
宣传委员会	主要负责品牌管理规范的制定，包括品牌定位、传播目标、人群定义、核心品牌内容、视觉传播规范等等。
秘书处	负责理事会及其下各委员会与执行机构的沟通工作，包括向执行机构传达委员会制定的各项规则和标准以及工作要求，听取执行机构工作汇报等。

理事会成员
坚守怎样的
价值观？

理事会成员的价值观是"**传承、信念、持续和向善**"。

金投赏理事会的成员们用迈向世界的权威奖项挑起行业大梁，用卓越的团队配合证明中国商业创意的力量。他们前进的每一步，也是中国创意行业的一大步。

理事会成员需
要做些什么？

理事会设主席、副主席、理事和委员职务，他们的互相作为将促使整个团队有序运作起来。

金投赏理事会成员来自五湖四海不同的行业，担任着不同的角色，但是形散神聚，他们对构建一个具有世界级影响力的创意比赛表现出共同的非凡凝聚力。

在这里，每一位委员会成员都能各司其职、高屋建瓴，并且凭借着执行机构的有序安排，让庞大的金投赏评奖系统也得以充分落地。

他们是玩票还是认真的？

金投赏的含金量有目共睹，它也是当今业界为数不多，无法用金钱左右的创意节奖项。

因为，金投赏理事会成员汇聚在一起不是为了商业利益，而是纯粹为了一种价值趋同的认可，所以他们会尽可能地避免一切市场性因素介入奖项的评选中。

可以这么说，金投赏理事会是一个非营利性组织，它的存在是为了点燃人们对创意的信念，并将这种信念传承给比自己更优秀的人。

如何成为理事会会员？

我们的会员分为普通会员和正式会员。

普通会员必须由理事或理事以上级别的人作为推荐人，由会员委员会表决通过。普通会员不受届数限制，只要符合会员持续奉献的规定，60岁之前都可以担任普通会员。

正式会员由会员委员会从普通会员中提名，由理事会表决，超过半数即可通过。正式会员须在理事会下其中一个委员会任职，任期不受届数限制，但年龄不应超过60岁。

会员体系

金投赏会员名单

（按照加入金投赏理事会的时间顺序排列）

序号	姓名	金投赏职务和身份			社会职务
1	贺欣浩	秘书处	秘书长	常务理事	金投赏创始人兼首席执行官
2	杜红	会员委员会	主席	常务理事	新浪总裁兼首席运营官
3	苏同	商业委员会	主席	常务理事	华扬联众创始人兼董事长
4	胡海泉	商业委员会	副主席	常务理事	著名歌手、投资人
5	许戈辉	公益委员会	主席	常务理事	知名主持人
6	卞霞文	会员委员会	委员	理事	金投赏总裁
7	朱强	商业委员会	委员	理事	金投赏首席运营官
8	张斌	宣传委员会	副主席	理事	上海观池文化传播有限公司董事长
9	孙学	宣传委员会	主席	常务理事	华扬联众首席运营官
10	沈晨岗	宣传委员会	委员	理事	飞书深诺集团执行董事
11	李桂芬	会员委员会	副主席	理事	G Sky Consulting 资深顾问，前电通安吉斯集团 CEO

（续表）

序号	姓名	金投赏职务和身份			社会职务
12	郭志明	会员委员会	委员	理事	Apple 大中华区广告平台负责人
13	闫曌	研究委员会	副主席	理事	明略科技联合创始人、金数据董事长、川至创投创始合伙人
14	伊光旭	宣传委员会	委员	理事	飞博共创创始人兼首席执行官
15	郑屹	宣传委员会	委员	理事	esee 英模文化时尚集团总裁
16	须聪	奖项委员会	副主席	理事	麦当劳（中国）首席市场官
17	潘振翔	合规委员会	副主席	理事	普华永道中国合伙人
18	王雅娟	公益委员会	副主席	理事	小红书 CMO
19	白涛	合规委员会	主席	常务理事	君合律师事务所合伙人
20	蒋青云	研究委员会	主席	常务理事	复旦大学管理学院市场营销系主任，教授，博士生导师，中国高校市场学研究会副会长
21	王高	奖项委员会	主席	常务理事	中欧国际工商学院市场营销学教授，副教务长（高层经理培训），学院管理委员会成员
22	林妤真	商业委员会	委员	会员	谷歌大中华区营销洞察与解决方案副总裁
23	李琦	奖项委员会	委员	会员	杭州瑞德设计股份有限公司董事长、中国工业设计协会副会长
24	张振伟	公益委员会	委员	会员	上海蕴世广告传媒有限公司创始人兼首席执行官
25	李雷	合规委员会	委员	会员	北京集慧智佳知识产权管理咨询股份有限公司创始人、总裁
26	叶慈平	研究委员会	委员	会员	普华永道数字化体验中心中国内地与香港主管合伙人

（续表）

序号	姓名	金投赏职务和身份			社会职务
27	李 勇	奖项委员会	委员	会员	诚美基金合伙人，谷元文化董事长
28	李 檬	会员委员会	委员	会员	IMS（天下秀）新媒体商业集团创始人及董事长
29	邵懿文	宣传委员会	委员	会员	电通安吉斯集团台湾数字长、台湾数字媒体应用营销协会理事长
30	狄运昌	公益委员会	委员	会员	格威传媒集团及联广传播集团创意长
31	张旻翚	奖项委员会	委员	会员	元亨点将教育咨询 CEO
32	王湘君	商业委员会	委员	会员	爱奇艺新消费事业群 NCG 总裁兼首席营销官
33	刘 伟	研究委员会	委员	会员	致维科技 CEO
34	艾 勇	研究委员会	委员	会员	映天下创始人兼 CEO
35	赵 黎	公益委员会	委员	会员	作家、品牌顾问、企业战略顾问
36	张 冰	商业委员会	委员	会员	多彩互动创始人、CEO
37	黎文祥	秘书处	委员	理事	凡岛网络 CEO、WIS 品牌创始人
38	刘京京	秘书处	委员	会员	罗技大中华区副总裁
39	黄 勇	合规委员会	委员	会员	宝捷会创新消费基金创始合伙人
40	雷海波	奖项委员会	委员	会员	太火鸟科技创始人、CEO
41	钱昱帆	秘书处	委员	会员	宸帆联合创始人
42	周 豪	研究委员会	委员	会员	电竞俱乐部创始人，VSPN 副总裁

金投赏理事会
召开会议的流程

从会员名单可以看出，金投赏的理事都是一些著名企业的总裁或者高级管理人员。

他们非常忙碌，整天打"飞的"穿梭于各个城市之间，并且他们常驻的城市大不相同，有的分布在北上广等一线城市，还有一些分布在厦门、香港、台湾等地，所以每次召集理事们集中开会是一件非常有挑战的工作。

为了能确保这些理事们的出勤，我们秘书处讨论了很多次，根据以往经验达成了一些共识，也落实到了章程里面：

第一，为了让理事们预留时间，一般会议通知都会提前2个月告知。几年做下来，每年就有相对固定好的时间，提前预留也方便大家做好准备。

第二，因为各种原因，最后开会的时间总是会有变化和调整。比如在新冠肺炎疫情期间，我们就酌情调整过多次。

第三，因为理事们不在同一个城市，聚集在一起开线下会议很难，所以我们在每年的 4 次会议中，会安排 1—2 次的在线会议。

秘书处作为协调整个理事会行政后勤保障机构，从确定好会议日程开始，要提前做很多准备。

首先，秘书处必须确认每一位理事出席的时间，并沟通此次会议的重点，在开会前，理事们都要提前"写作业"（准备各种汇报和工作计划）。

因为理事们行程繁忙，他们几乎都是挤出时间来开会，并且还要亲自操刀写 PPT，所以秘书处安排后续一对一的沟通和服务是必不可少的。

在开会前一天甚至当天，秘书处常常还在调整航班，调整酒店房间。很多理事因为工作太忙，经常没时间吃饭，这时秘书处就要给大家提前准备好咖啡、美食这类贴心的小服务。

其次，正因为理事们的行程繁忙，秘书处也非常珍惜各位理事的时间，所以每次理事会会议我们都会安排非常重要的议题。

如果是可以提前阅读的材料，秘书处会提前把材料分发到每位理事手上，避免开会的时候还需要费时告知整个事情的背景资料，所以大部分的理事会会议时间都会用来做现场分享和讨论。

同时，我们的议程安排也非常详细且高效，时间控制非常严谨，每个环节基本上量化到 5 分钟，如果当中有拍照环节，我们连大家的站位都会提前安排好，几乎从来不拖堂。

最后，如果有个别理事真的因为重要的原因而不能出席会议现场，比如常驻台湾和香港，却因为疫情而阻隔了交通，我们会保证每次会议都提供远程加入服务。除此之外，为了让不在现场的理事会成员不遗漏重要信息，每次会议后形成的会议纪要，我们都会在第一时刻同步给到大家。

理事会会议是金投赏组织最严谨的一个会议形式，除了这样的正式会议，金投赏还有很多非正式活动和会议。

可以说，金投赏会努力创造更多的机会让大咖们聚集在一起，思想碰撞交流，有时候一个点子一个想法，就可能是一颗孕育了对行业未来有重大影响的种子。凝聚和激励这些大佬们在一起的正是金投赏的愿景和使命——**"推动中国商业创意，助力全球企业成长！"**

金投赏的理事
制度和评选
标准

经过不断发展，目前金投赏理事会中有四种会员，而且这四种会员的资历要求和在组织中的影响力、权益是不一样的。

不管如此，我们还是一直在认真思考和讨论：未来该如何选择普通会员、正式会员、理事、常务理事？这几类会员的级别不同，分别代表了什么？是权力，还是责任或义务？

以下内容来自金投赏理事会会议的思考和总结，也是我们会员之间达成的共识。

首先，会员资格并不代表权力，金投赏所有会员加入的初衷都是自我奉献，大家都是用自己的业余时间，为热爱的事业而奉献。

比如，我们最早只有 5 位常务理

事，第二批增加了 16 位理事，现在有 43 个会员。我们从现任理事中选出了常务理事，会员也可以升任理事，未来也会有更多的会员成为我们的理事。

随着会员逐步增多，我们有了更深层次的考量和思考：我们该用什么样的标准选择他们，成为我们的继任者，成为守护和传承我们大家梦想的人？

其次，我们选择的不只是影响力人物，不完全看他背后所拥有的财富、在市场上或政治上的地位。

如果我们只看重这方面，若他没有热爱，没有奉献，没有同心联结，那我们的组织将很难会有更长远的发展。

对此，我整理了金投赏理事会的会员类型和制度，供大家参考。

	普通会员	正式会员	理事	常务理事
专业有影响力	☆	☆	☆	☆
认同金投赏使命	☆	☆	☆	☆
责任和执行力		☆	☆	☆
公认的贡献和凝聚力			☆	☆
持续奉献和投入度				☆

由上表可知，金投赏理事会分为四种会员类型，理事会需要根据以上标准选出优秀的会员，进而领导传承和守护这个组织。

目前我们所有的会员都是执行会员，即他们成为会员之后一定会加入某个委员会，我们也可以称其为执行会员，目前执行会员有 21 位，他们分别加入了不同的委员会。

首先，2021 年我们将发展普通会员，他要有影响力，认同金投赏使命，可以帮助金投赏扩大影响力，但是他不用加入任何一个执行委员会，所以他在时间上的投入并不像正式会员那么多。

目前有很多人希望加入金投赏，如果依照以前的流程，他们需要会员委员会沟通，三位理事面谈之后才有可能加入。

可以想见，"沟通 + 面谈"的复杂流程对于未来储备和发展是有局限性的。2021 年后，只要有理事推荐，经会员委员会面试就可以加入金投赏成为普通会员，不再需要理事面谈的环节。

其次，正式会员与普通会员相比，最大的区别就是正式会员会加入不同的执行委员会。所以他们需要有强大的执行力，以及承担更多的责任。

第三，对于理事来说，除了具有以上能力，他不仅要有大家公认的贡献力，还需要有强大的凝聚力。尤其是在理事会这样的组织中，需要理事在各执行委员会中和大家团结一致，同时领导正式会员和普通会员。

第四，对于常务理事来说，选任不是因为他的影响力，或者他所拥有的财富、社会地位，而是因为他在过去的十四年时间里，为金投赏做过巨大的奉献和投入，是所有理事钦佩和作为榜样的灵魂人物。

目前我们的贡献记录工具也在不断的完善之中，它可以让组织中的每个人了解到所有会员对于组织的奉献，这也是未来我们在各项选举时的重要参考。

目前，金投赏理事会增补了第二批常务理事，且他们可以连任一届，一届三年，最多任职六年。为此，我们需要为未来的选举和传承做一些规范和指引。

金投赏常务
理事和理事
任期满之后

相比世界上那些有五六十年历史的奖项，金投赏只有短短十几年的历史，是一个很年轻的奖项。而金投赏理事会的成立，如果从全体会员表决通过理事会章程算起，也只有两年多的时间。

金投赏虽然年轻，但一直在高速发展，我们对未来的规划也很长远，在第二次会员大会的理事晚宴上，大家已经在讨论常务理事和理事任期满退休后的计划。

根据目前的章程，常务理事和理事可以连任一届，一届是三年，最多任职两届即六年。目前的常务理事和理事任期满计划会考虑以下两个方面。

第一，可持续发展。

不断有新鲜血液进入金投赏理事会，让他们接力完成我们的使命，实现我们的愿景，同时，也可以让金投赏健康稳健地发展。

第二，会员之间可持续地连接。

金投赏的成长离不开全体会员持续的奉献，因此，我们的制度和机制不应该只是考虑他从加入会员至常务理事任期期满。从全世界的实际案例来看，这些任期届满的人员往往是对整个组织贡献最大的力量，无论是在资源投入，还是捐赠支持上。

到底是哪种呈现形式？我们可以借鉴美国大都会博物馆的设计，划分新的荣誉理事。荣誉理事分为两类，一类是 Trustees Emeriti 终身荣誉理事，另外一类是 Honorary Trustees 名誉理事。

终身荣誉理事，顾名思义，即指理事在任期届满之后，根据为理事会获得的贡献比而得到这样的荣誉；而名誉理事则是理事会根据博物馆的发展方向，从社会各界中选出有影响力的人士来担任。

这些荣誉理事也有一定的权益比重，比如，荣誉理事不能参与理事会的决策，但能对理事会提建议，同时也能加入各专业委员会担任荣誉顾问。

一般来说，这些荣誉理事会制订一些针对性的帮扶计划，或加入某一个他们有兴趣的专业委员会成为荣誉顾问，或者捐赠设立一个符合个人意志的专项基金，为组织增长贡献原动力。

不过对于金投赏来说，有不同也有相同，我将从两个方面进行说明。

第一，那些非常优秀的年轻人。

目前，我们最年轻的两位理事都是 85 后，未来还会有 90 后，他们平均三十几岁。

如果按照现在的机制连续担任两届理事后，他们才 40 多岁，如果再担任两届常务理事，届时也只有 50 岁。这些优秀的年轻人是否还可以持续做出奉献，如何平衡这些机制，是我们未来要考虑的问题。

第二，那些有着丰富经验的常务理事或理事的延任。

美国大都会博物馆的设计中，很多人在 60 岁之后才会加入公益组织，这个年龄段的他们才会有更多的时间去做公益性质的东西。

而对于金投赏理事会来说，目前常务理事的平均到期年龄可能只有 55 至 60 岁，我们需要考虑届数和年龄之间的结合，在现有的机制下如何才能持续地将组织的能力发挥出来。

如果参考大都会的制度，在不修改章程的前提下，我们未来的常务理事或者理事目前有以下发展方向。

一是担任终身荣誉理事，成为现有金投赏理事会和执行团队的顾问。

二是可以指导、帮助、负责某一个具体的项目。比如我们在全球化过程中，在欧洲设立一个地方理事会，需要他担任理事会主席；香港或者内地城市需要落地一个创意中心，需要他担任地区的领导人来指导整个当地会员。同时，金投赏基金会旗下有不同项目的公益基金，如儿童教育、公益组织等等，他们也可以帮助或负责公益项目的发展和募款。

三是可以继续保留执行会员的资格，帮助所有会员一起选出理事会。

目前，我们的章程还在不断完善中，针对现有的机制，我们希望设立终身荣誉理事的制度，比如设计荣誉会员、荣誉理事、终身荣誉理事。

第一，年龄和持续为金投赏奉献的时间并不需要对等。我们有的理事相对年轻，但是他长期在我们组织中奉献很多，这样的不对等关系不会影响其终身荣誉的获得。

第二，所在期间为金投赏的可持续发展做出贡献，并且提升理事会共识，思想高歌猛进。

第三，感恩其作为，并希望理事们都以他为榜样，成为大家学习和成长的标尺，为组织引路亮灯。

　　所以，当理事或者常务理事任期满之后，可以有两种选择：一是他需要退休，或者他希望慢慢退出理事会，退出金投赏的日常工作，那他可以成为荣誉会员，或者未来的终身荣誉理事；二是他已经退休，但他还是愿意积极为金投赏做出奉献，参与金投赏的发展中，担任顾问或负责某个项目的领导者等。

第五章

金投赏的 2047 计划

无数人问我：金投赏有上市计划吗？金投赏还要再做多少年？为什么外面有那么多奖项可以定制，金投赏却不行？我的回答是：金投赏目前没有上市计划，至于发展多少年，我们先定个小目标，先发展到第四十届。

在 2019 年的金投赏年度晚宴上，我第一次向外界宣布金投赏将成立基金会的计划。

出于可持续发展的需求，金投赏将不设大股东制度，而是致力于成为具有国际化经营管理能力的非营利性组织，并通过建立更专业、更系统的产品体系，增强商业模式的转化。

金投赏将在大湾区设立金投赏全球总部，通过大湾区这个窗口向全球

推广中国创意，而上海将会继续成为国内的重心，未来每年举行金投赏国际创意节。

在这次晚宴上，我们还推出了一支名为《2047》的宣传片，在宣传片里畅想了第四十届的金投赏："2047年，如果那时金投赏还在，应该是第四十届了。金投赏在那时候是怎么样的？金投赏应该有更大的规模和影响力，我们应该已经走向了世界。对了，我们一定要有一所博物馆，未来要像德国红点设计奖一样，打造一个自己的金投赏博物馆，里面陈列的全是中国最佳商业创意。"

金投赏的使命、愿景、价值观

金投赏的使命

推动中国商业创意，助力全球企业成长！

金投赏的愿景

成为世界三大创意奖项之一；

参赛超过一百个国家和地区；

建立一所面向全球，收藏、研究和推广中国商业创意的博物馆。

金投赏的价值观

追求可持续发展，

传播向上向善的力量，

点燃人们对创意的信念，

传承给比自己更优秀的人！

走向全球化，成为世界三大创意奖项，这不是一条简单的路，它甚至需要我们所有人年复一年的努力。但我认为，一个有影响力、富有生命力的创意奖项必须是经过时间沉淀的，并且能与时俱进的。所以，我大胆提出了依靠金投赏理事会的力量，走到 2047 年的计划。

这一计划，并不是没有可行性，我们可以来看看比我们发展得更早的国际性奖项。

戛纳广告奖和戛纳国际创意节

1954 年由电影广告媒体代理商发起组织的戛纳国际电影广告节，希望电影广告能像电影一样受到人们的瞩目。

节日来源于戛纳电影节，最引人关注的就是戛纳广告奖。1954 年后，戛纳与威尼斯轮流举办此项大赛，1977 年戛纳正式成为永久举办地。

1992 年组委会增加了报刊、招贴与平面的竞赛项目，这使得戛纳广告奖成为真正意义上的综合性国际大奖，也使戛纳广告节更加引人注目。发展了 50 多年的戛纳广告奖现在每年接收来自中国近千件参赛作品，每年全球的参赛作品达 4 万件左右。

The One Show

"金铅笔"是美国 One Club 赋予全球顶级广告创意人员的最高奖项，至今已有 80 多年历史。内容包括一年一度的 One Show

奖和 One Show 互动奖，青年创意竞赛和学生作品展，以及一系列长达 7 天的国际顶级广告人互动活动。"金铅笔"早已是全球广告人火热的梦想。值得一提的是，One Show 一直以非营利性组织的方式发展。

D & AD（Design and Art Design）

英国设计与艺术指导协会，1962 年由一群英国设计师及广告业界的艺术指导设立，定位为一家代表创造性艺术、设计及广告业界的全球性教育慈善机构，现已成为全球设计者和广告人最具权威的奖项之一。

艾菲奖（Effie Awards）

创立于 1968 年，是纽约美国营销协会为表彰每年度投放广告达到目标，并获得优异成绩的广告主、广告公司而专门设置的特别广告奖项。它与其他国际奖项的区别在于，更集中关注广告带来的实际效果，成为目前世界上唯一一项以广告效果为主要评审依据的权威广告奖项。

伦敦国际广告奖（London International Advertising Awards，LIAA）

创立于 1985 年的伦敦国际广告奖为世界上最古老的广告奖项，每年 11 月在英国伦敦开幕并颁奖。虽然年龄有些大，但 LIAA 却被称为最年轻、最有朝气的国际广告大奖。原因可能是奖项对于分类的细致程度看起来要赶上奥斯卡奖了。

除了广告创意类奖项外，近年来逐渐被我们中国人熟知的工业设计奖项也多是历史悠久。

1955 年德国设计协会 Design Zentrum Nordrhein Westfalen 创立红点设计大奖（Red Dot Design Award），该机构是欧洲最具声望的设计协会，该奖项已成为世界知名设计竞赛中最大型、最具影响力的竞赛之一。

iF 设计奖简称"iF"，由德国历史最悠久的工业设计机构汉诺威工业设计论坛（iF Industrie Forum Design）在 1953 年创立，该奖项每年定期举办。iF 奖以"独立、严谨、可靠"的评奖理念闻名于世，旨在提升大众对于设计的认知，其最具分量的金奖有"产品设计界的奥斯卡奖"之称。iF 将自己定位为设计界供需间的桥梁，提供一系列与设计相关的服务。

跟这些国际奖项相比，发展 14 年的金投赏只是一个年轻的奖项，未来的路还很长，迎接我们的挑战也很巨大。所幸金投赏成长在中国商业高速增长的环境下，给我们带来的机遇也是前所未有的。

关于金投赏博物馆的顶层设计

　　熟悉我的人都知道，我一直有一个梦想，那就是建立一所金投赏的博物馆，当然在金投赏的愿景中就有一条——建立一所在中国研究全球中国商业创意的博物馆。

　　其实在金投赏会员内部，关于为何一定要建立一所实体的博物馆，也有很多的讨论，甚至我们曾组织会员一起去厦门的红点博物馆参观走访和交流。

　　为什么金投赏博物馆有存在的必要？为什么不做一个线上博物馆或者租一个临时空间？为什么我们有信心可以持续运营下去？我们经过非常充分的内部讨论之后，有了以下总结。

　　一是将大大提升品牌影响力

　　首先，对于参赛公司而言，博物

馆的意义在于，其参赛作品、获奖作品有机会被博物馆展览、收藏与传承。

其次，对于金投赏来说，建造一个线下的博物馆需要很高的门槛。在短期内，博物馆的建立将会激励现有参赛公司的持续报名；长期来看，一些未知的新公司也将慕名参加金投赏，形成强烈的品牌形象，使其区别于其他奖项，以至于未来可以与中国乃至全球的竞争对手相抗衡。

同时在圈外，无论是院校、监管机构还是明星等层面，我们可以更广泛地传播金投赏的影响力，更高效地传播金投赏的使命。

所以，考虑到以上几个因素，如果金投赏想要代表中国创意，甚至向海外传播，我们的博物馆就只能在上海和北京这两个创意地标落地建设。

二是延伸和完善目前的产品和服务

在过去13届的时间里，我们每年只是专注做好一届金投赏，除了我们的会员、理事与评审之外，我们和所有参赛公司都是一年一次的低频沟通，而设立博物馆，可以补充金投赏和参赛公司在比赛结束后的互动时间。

例如，博物馆的自有空间可以用来策划展览，举办各种主题的论坛，还可以作为休闲的咖啡馆和休息区域。我们还可以借鉴红点设计学院的概念建设金投赏商业创意研究院，研究院可以结合现有奖项委员会和研究委员会的工作内容，保证未来可持续地开展研究工作。

三是整合团队，在运营上降本增效

当金投赏有了自己的博物馆之后，金投赏团队将搬入博物馆中工作，原先在外租酒店场地举行的各种发布会、评审会，也都可以在博物馆自有空间里完成。

金投赏需要最优化地整合团队，精准测算投资效率和维护成本，最大程度上降本增效，保证金投赏可持续发展。

总结

当我们内部成员一起参观完厦门红点博物馆，听到石馆长的分享内容之后，所有人都心有感触。

我们知道，厦门红点博物馆除了获得政府投入的原有地块之外，还承担了一定的改装设计成本，它也获得了德国红点博物馆总部的授权，目前已经可以独立运营。

同样地，和大多数博物馆类似，它的商业模式非常多样化，包括馆内收入（门票和衍生品），还提供设计咨询服务。在传播上它告诉其目标客户，它有全世界的设计资源，可以帮助客户做展览咨询以获得收入。同时，对于德国红点设计总部来说，厦门红点博物馆设立之后，带动了德国红点设计奖的中国参赛作品增长，收入也逐年增加。

对于金投赏来说，每年我们会有一定规模的馆外收入，还能获得馆内的门票收入和咖啡馆收入，不过这些收入的规模现在很难确定。可以想象，如果要持续运营，除了实现每年金投赏的馆外收入增长，未来政府相关咨询也可能是我们的服务项目之一。

不过，如果不考虑前期投入成本，若政府能给予金投赏前期与红点相同的投入和支持，那我们就很有可能成功运营。

基于前期投入成本不足的认知，我觉得目前金投赏需要加强以下几个方面的投入：

一是加强与政府部门沟通交流方面的投入，未来希望政府相关部门给予我们推动中国商业创意一个机会。

二是进一步夯实和加强我们的国际化背景以及全球化视野和资源，比如我们的目标是有 100 个国家的作品来参赛，未来可以采取国际化评审，还可以建设全球化的研究资源。

总的来说，金投赏博物馆的建设落成，目前来说还是一件非常长远的事情，或许要过几年甚至更久，但我相信这一天一定会到来。

附录一

金投赏章程

（2021 年 1 月 16 日理事会通过）

一、总则

1　金投赏的使命、愿景和价值观

使命：推动中国商业创意，助力全球企业成长！

愿景：成为世界三大创意奖项之一，参赛超过一百个国家和地位，建立一所面向全球，收藏、研究和推广中国商业创意的博物馆！

价值观：追求可持续性发展，传播向上向善的力量，点燃人们对创意的信念，传承给比自己更优秀的人！

2　章程

本章程为金投赏组织的章程，之后设立的金投赏担保公司、金投赏基金会以及金投赏在世界各地设立的相关组织和机构的章程均须参考本章程制定。

3　组织架构

为实现上述金投赏的使命，本组织将在香港设立担保公司以及基金会。

本组织将根据业务发展情况设立其他机构、组织或实体，以实现金投赏的使命。

二、会员

4　会员条件

申请加入金投赏，必须具备下列条件：

（1）遵守中华人民共和国法律以及中国香港地区法律；

（2）具有完全民事权利能力和民事行为能力的自然人，年龄不超过60岁；

（3）拥护金投赏章程，有主动加入金投赏的意愿。

5 会员分类

金投赏会员包括普通会员、正式会员、理事和常务理事。

5.1 普通会员

（1）普通会员必须由理事及以上级别的人作为推荐人，由会员委员会表决通过。普通会员不受届数限制，只要符合会员持续奉献的规定，60岁之前都可以担任普通会员。

（2）申请成为金投赏会员，需提交以下申请资料：

① 身份证、护照或其他身份证明文件、联系方式；

② 金投赏会员申请表；

③ 申请人的独立性及须以会员身份作出表决时可自主作出决定及独立行使权利的声明书。

（3）每年3月1日（不含当日）前和8月1日（不含当日）前可提交会员申请。

5.2 正式会员

（1）正式会员由会员委员会从普通会员中提名，由理事会表决，超过半数即可通过。正式会员须在理事会下其中一个委员会任职，任期不受届数限制，但年龄不应超过 60 岁。

（2）普通会员升级为正式会员，被提名表决时会员委员会和理事会主要考量如下因素：

① 会员年限；

② 会员贡献（包括捐赠、提供服务等）；

③ 为金投赏工作的时间（即年累积小时）；

④ 是否在委员会任职；

⑤ 参与金投赏活动或担任金投赏商业创意奖评委。

（3）本届正式会员名单请见附件。

5.3 理事

（1）理事由会员委员会从正式会员中提名，由理事会表决通过。提名的理事不存在适用法律规定的禁止担任理事的情形。理事每届任期三年，到期后重新提名表决。只要符合会员持续奉献的规定，60 岁之前都可以担任理事，不受届数限制。

（2）理事不超过 200 人。

（3）本届理事名单请见附件。

5.4 常务理事

① 常务理事由创始理事从理事中提名，由理事会表决通过。常务理事当选时不能超过 55 岁，且不存在适用法律规定的禁止担任理事的情形。常务理事每届任期三年，常务理事任期最长不得

超过两届。常务理事的任期超过两届后，将不再参选常务理事。已经卸任的常务理事可以在间隔一个任期后再度参选常务理事，但同一人累计担任常务理事不得超过三届。

② 本届常务理事会由 9 名（名单请见附件）常务理事组成；常务理事最多不超过 12 名。

③ 常务理事中包含创始理事贺欣浩。创始理事在不超过 60 岁的时候，任期不受届数限制，满 60 岁后必须退出常务理事。创始理事在其任期内享有一票否决权。创始理事担任理事会主席。若创始理事身故或发生其他无法履行职务的情形，召开理事会由理事会选举产生新的理事会主席，但新选的理事会主席不享有创始理事的一票否决权。

5.5 荣誉会员、荣誉理事、荣誉终身理事

（1）会员年龄超过 60 岁后，如有意愿继续为金投赏奉献，经过会员委员会审议，可以成为金投赏荣誉会员；

（2）理事任期满后，如有意愿继续为金投赏奉献，经过会员委员会提议、理事会审议，可以成为金投赏荣誉理事；对金投赏有重大贡献的理事，经理事会审议，可以成为荣誉终身理事。

6 会籍管理

所有会员的会籍管理由会员委员会负责。普通会员和正式会员每年需交纳会员费，理事以上会员因其持久的奉献免交会员

费。会籍的条款及细则，将按照本章程另行制定具体规则。

7　会员贡献记录制度

7.1　会员采用贡献记录制度，记录并衡量所有会员（包括理事）的贡献。在每年年初的金投赏会员大会上，会员委员会将审核并公布会员贡献记录，以公告形式告知全体会员。

7.2　根据 2020 年会员贡献记录在执行中的实际反馈，会员委员会提议优化 2021 年会员贡献记录，并获得 21 位理事组成的理事会的通过。优化后的会员贡献记录由三个部分组成。

（1）第一部分：常规贡献记录

将继续保留，但权重从 100% 调整到 50%。同时，和评审相关的项目，将从贡献记录中删除（详见附录）。这部分记录将在会员委员会的指导下，由秘书处负责在系统中记录，记录会员（包括理事）出席金投赏各项活动和参与金投赏重要事件的情况。

（2）第二部分：目标贡献记录

权重占会员贡献记录的 30%。各委员会主席给其委员会成员的评价，主要用于评估会员未来是否可以担任金投赏理事或者常务理事。增加这部分记录，也是基于理事会员提议的希望增加各委员会的工作绩效的记录。

（3）第三部分：创新贡献记录

权重占会员贡献记录的 20%。每年，会员都可以代表各自委员会向秘书处提报方案，由秘书处整理后提交给常务理事会审议。这部分记录，主要是鼓励所有会员，在金投赏组织体系内可以积极创新。此创新项目，以一年两次立项为限。

7.3　第一部分：常规贡献记录

	价值观方向		会员活动类型名称	会员贡献记录系数	记录
1	传承	理事会贡献	出席理事会	2.5	
2		理事会贡献	担任委员会主席	2.5	
3		理事会贡献	起草委员会工作计划	2	
4		理事会贡献	参与会员工作	2	
5		理事会贡献	完成委员会工作总结	2	
6		理事会贡献	理事代表组委会出席活动或会议	1	
7		理事会贡献	出任理事	1	
8	信念	执行机构贡献	出席会员大会	2	
9		执行机构贡献	参与线上调研问卷	1	
10		执行机构贡献	参加炉边会	1	
11		执行机构贡献	半天研讨会活动	1	
12		执行机构贡献	出席 3 月启动晚宴	1	
13		执行机构贡献	出席 8 月评审晚宴	1	
14		执行机构贡献	出席 10 月创意节年度晚宴	1	
15		执行机构贡献	出席颁奖典礼	1	
16	持续	理事会贡献	成功推荐会员	2	
17		执行机构贡献	推荐评委	1	

7.4　第二部分：目标贡献记录

由各委员会主席给各委员会成员评价。

打分规则：5分制。5分：出色；4分：好；3分：良好；2分：需改进；1分：未达标。

打分时间：每年一次，3月会员大会前完成。

执行时间：2021年开始试运行，2022年3月正式执行。

7.5　第三部分：创新贡献记录

由常务理事会讨论决定。

打分规则：5分制。5分：出色；4分：好；3分：良好；2分：需改进；1分：未达标。

打分时间：每年两次，年中和年底。

执行时间：2021年开始试运行，2022年3月正式执行。

7.6　会员贡献记录的意义

对于正式会员，贡献记录在竞选理事时作为重要参考；对于理事，在竞选常务理事时作为重要参考；会员中的年度优秀人物评选，将依据上一年度累计贡献记录的统计进行提名。

8　会员权利和义务

8.1　成为金投赏会员后，会员将享有以下权利：

（1）使用金投赏案例数据库的经典案例（但不得用于商业用途）；

（2）有机会被邀参加金投赏各项活动；

（3）正式会员可以参与制定金投赏商业创意奖的评审规则。

8.2 成为金投赏会员后，会员将有以下义务：

（1）遵守本章程及有关规定，执行相关决议；

（2）维护金投赏的良好社会形象及合法权益；

（3）参加金投赏会员大会；

（4）按规定缴纳会员费；

（5）积极参与金投赏各项活动，包括公益活动、教育活动；

（6）金投赏章程及理事会决议规定的其他义务。

9 会员资格终止

9.1 出现以下情况，会员资格自动终止：

（1）12个月为一个周期，连续两个周期没有参加任何活动；

（2）会员负有重大负债；

（3）会员完全丧失或部分丧失民事行为能力；

（4）会员超过60岁；

（5）理事以及以上级别的会员适用法律规定的禁止担任理事的情形。

9.2 会员如有以下情况，经理事会表决通过，可予以除名：

（1）会员严重违反任何国家的法律，受到刑事处罚的；

（2）会员负有重大负债，或者陷入债务危机；

（3）会员严重违反本章程及金投赏的其他规则（包括违反本章程第11.10条规定未进行利害关系申报的）；

（4）会员发生了产生重大负面影响的事件；

（5）会员从事任何侵犯中华人民共和国国家利益的行为；

（6）会员从事任何严重损害金投赏合法权益或使金投赏蒙羞的行为。

9.3 会员有权自行决定退出金投赏，但应提前 2 个月书面通知秘书处，履行相关手续后终止会员资格。

（1）拟退出会员提出书面申请给秘书处；

（2）秘书处复核后，交给其所在委员会主席批复；

（3）秘书处负责将其所在委员会主席批复的书面申请继续交给会员委员会主席批复；

（4）会员委员会负责提交理事会通过；

（5）秘书处负责告知会员本人，并在会员记录系统中更新会员状态。

10 会员大会

10.1 金投赏会员大会每年 3 月召开一次。每年 3 月的会员大会将向会员告知金投赏年度财务预算、重要人员任命、当年业务计划。

10.2 会员大会由秘书处通知，通知时间为会员大会召开之前的 60 天至 30 天。会员大会由理事会提前决定大会主持人。

三、组织机构

11   理事会

11.1   理事会是金投赏的决策机构,由理事会主席(创始理事)、常务理事及理事组成。理事会成员不得同时担任任何与金投赏同业的机构或组织的理事。金投赏的理事会成员将作为金投赏担保公司的理事会成员及金投赏基金会保护人委员会成员。

理事会成员因身故、辞任、取消资格或停任理事职位而导致理事会成员出现空缺时,将召开理事会会议选举候补理事以填补空缺。若某理事获选填补了空缺,其首届理事任期应为前任理事的剩余任期。若首届任期少于18个月,则不受连任限制,即该理事的首届任期不计算入正式任期。

若理事候选人人数多于空缺职位数,将进行多轮投票,在每一轮投票中获票最少的候选人将会淘汰直到候选人人数和空缺职位数相同。但若在任何一轮投票中某一候选人所获票数达到绝对多数,该候选人即告当选。

11.2   金投赏的管理及控制将归属于理事会。理事会具有作出所需作为的权力,以推行第1条所载的金投赏的宗旨,包括:

(1)制定和修改金投赏章程;

(2)制定和修改金投赏规则、规例、常规、操守守则、道德规范、纪律守则、选举守则等规则制度和内部管理制度；

（3）选举和罢免正式会员、理事、常务理事；

（4）任命和罢免各委员会主席及委员、CEO、秘书长、副秘书长；

（5）决定会员的除名；

（6）决定金投赏组织架构；

（7）决定设立金投赏运营主体、办事机构、分支机构和代表机构；

（8）决定其他重大事项。

11.3　理事会每年至少召开 4 次会议，理事会会议由理事会主席（即创始理事）召集。具体安排如下：

（1）每年 1 月下旬（春节前夕）召开第一次理事会会议。会议议程包括：金投赏年度总结、年度审计；金投赏年度贡献积分总结并制定嘉奖名单；新一年的金投赏评审名单开始筹备；3 月金投赏会员大会的筹备。

（2）每年 3 月下旬（会员大会期间）召开第二次理事会会议。会议议程包括：各委员会主席发言汇报当年整体工作计划；正式会员的批准和加入；理事会人员任免；发布金投赏去年年报，表彰上一年度正式会员、理事；金投赏全年计划揭晓；金投赏年度主题揭晓；金投赏奖项类别设计、评审名单、合作伙伴名单公布。

（3）每年8月下旬（评审会期间）召开第三次理事会会议。会议议程为：汇报当年参赛和评审以及获奖的情况，汇报两个月之后的金投赏国际创意节的筹备情况。

（4）每年11月下旬（金投赏颁奖典礼闭幕后一个月内）召开第四次理事会会议。会议议程为：金投赏CEO进行创意节总结和汇报，各委员会主席总结并开始制定下一年的计划。

理事会会议安排和议程将根据具体情况不时予以调整。

经1/2以上的理事提议，理事会主席可召集理事会临时会议。

11.4 秘书处于每次理事会会议召开至少两周之前向每名理事会成员发出书面通知，说明召开此次理事会会议的议题、时间、地点和议程。理事会主席主持该会议。

11.5 理事会主席无法召集和主持理事会会议的，由其指定的一名理事召集和主持理事会会议。

11.6 理事会会议须有半数以上的理事出席方能召开。若亲自或委托代表代其出席理事会会议的理事人数不足半数以上，理事会主席应提前7日发出书面通知后再次召集该理事会会议。若理事无合理理由经过理事会主席二次合法通知仍未能或者拒绝出席的，即使出席第三次理事会会议的理事人数少于法定人数，亦视为第三次理事会达到法定人数，并有权做出有效的理事会决议。

11.7　理事会会议可以通过视频会议或电话会议举行，但理事会会议必须至少有 2 次现场会议。

11.8　若任何理事不能出席理事会会议，则该名理事应出具由其签名的委托书，委托其他人士代为出席理事会会议。在此情形下，委托方应在理事会会议召开之时或之前将书面委托书经邮寄、传真或专人送达理事会主席。被授权的代表应拥有与缺席理事相同的权利和权力。缺席的理事若没有委托代表出席理事会会议，该缺席理事将被认为放弃在该会议上的表决权。

11.9　理事会决议的表决实行一人一票。除修改金投赏章程须经出席理事会会议的四分之三以上（含本数）通过方为有效外，理事会的任何决定须经出席理事会的全体理事半数以上（不含本数）通过方为有效。在理事会会议上，如就某事项赞成和反对某决议的票数相同，创始理事享有一票决定权。

11.10　经当时有权收取理事会会议通知的所有理事签署的书面决议，与正式召开理事会后经理事会通过的决议具有同等效力。

11.11　任何理事不得在其有利害关系的主体与金投赏订立任何交易、安排、合约（而该项交易、安排、合约对金投赏来说是重大的）或遇有个人利益与金投赏利益关联时参与相关事项的决策，或该理事对于该种事项的任何理事会决议做出的表决不能被计算入法定人数的一部分。有关理事必须在该等理事会会议进行之前申报相关利害关系，有关理事可能被要求暂时离开理事会会议，以示回避。理事会可基于违反本条而暂停理事职务，并可宣布有利害关系的理事曾做出的表决无效。

11.12 每次理事会会议均应有详细的会议记录，并应由出席该会议的所有理事或其代表签字。

11.13 理事会主席行使下列职权：

（1）代表金投赏；

（2）召集和主持理事会及常务理事会；

（3）监督理事会的决议得以实施。

11.14 理事因下述行为产生的交通费用，由理事自行承担，但理事因下述原因产生的合理的住宿和餐饮费用，由金投赏支付：

（1）出席理事会会议、常务理事会会议、会员大会；

（2）履行理事职责。

12 常务理事会

12.1 金投赏设立常务理事会，常务理事由理事会选举产生，在理事会闭会期间行使第11.2条第（1）、（2）、（5）—（10）项的职权，对理事会负责。

12.2　本届常务理事会由 9 名常务理事组成。常务理事会至少每半年召开一次会议。常务理事会须有 1/2 以上常务理事出席方能召开，其决议须经出席常务理事会的 1/2 以上常务理事表决通过方能生效，且在常务理事会会议上，如就某事项赞成和反对某决议的票数相同，创始理事享有一票决定权。

13　**下设机构**

13.1　理事会下设专门委员会，向理事会提供意见及协助，具体包括：

（1）合规委员会：主要负责财务审计、流程合规审计、道理伦理审计。

（2）研究委员会：主要负责商业创意研究院、出版白皮书、研报报告院校间学术交流，研究机构合作、案例研究。

（3）商业委员会：主要负责金投赏国际创意节、经营管理、金投赏可持续性发展和创新事业。

（4）公益委员会：主要负责金投赏博物馆的筹建、年轻人创意活动、公益行业创意活动、乐创中国以及其他公益活动。

（5）宣传委员会：主要负责加强会员的使命意识和信仰，增加会员的通信和沟通、会员月报、季报、年报的准备、会员大会的组织。

（6）会员委员会：主要负责新会员的发展、会员考核统计和嘉奖、会员网络的管理和建设、海外分支架构的管理。

（7）奖项委员会：奖项委员会主要负责金投赏商业创意奖的体系设计，保持其专业性和创新性，使之未来成为全球三大创意奖项。

13.2 各委员会设有主席一名，委员若干名。各委员会的主席必须由理事及以上级别的会员担任，经常务理事会进行讨论提名，理事会表决通过后任命。各委员会委员必须由理事或者正式会员担任，由委员会主席提名，理事会表决通过后任命。各委员会的工作评估由理事会负责，采用 5 分制，每年年底进行一次，2021 年开始运行。如理事在委员会任职，不参与其所在委员会的工作评估。

13.3 理事会下设秘书处，主要负责各委员会的日常协调工作。秘书处设有秘书长一名，副秘书长若干。秘书长必须由理事及以上级别的会员担任，由常务理事会进行讨论提名，理事会表决通过后任命。副秘书长必须由理事或者正式会员担任，由秘书长提名，理事会表决通过后任命。

13.4 理事会聘任 CEO 负责管理执行机构的日常工作，协助各委员会主席的工作有序开展，同时与香港基金会共同负责博物馆、教育等公益项目。CEO 负责金投赏国际创意节及金投赏商业创意奖及其他金投赏授权的商业运营。CEO 由常务理事会提名，由金投赏理事会表决通过后聘任，每届任期三年，可连任。CEO下属团队由CEO聘任，CEO及其下属团队均为支薪团队。理事会每年对CEO领导的执行机构进行财务审计。

13.5 创始理事、常务理事、理事、正式会员、普通会员、各委员会主席及委员、秘书长、副秘书长都是金投赏个人会员，因为共同信仰和目标走到一起，均为非支薪人员。

13.6 各委员会负责制定长期战略和五年计划，CEO负责执行和当年落地。每年1月理事会会议，根据金投赏上一年度的工作总结，结合金投赏的情况，分配各委员会当年的目标和预算。各委员会将制定当年度发展目标，和CEO及其团队讨论当年具体工作计划。CEO根据各委员会给予的预算制定当年度具体工作计划，经各委员会批准之后在每年3月理事会会议上进行整体汇报。

13.7 资产处理流程：负责金投赏资产管理的合规委员会委员有权决定10万元人民币以下资产的处理，同步报备给秘书处；超过10万元人民币，需提交给合规委员会决策处理，同步报备给秘书处；超过50万元人民币，需提交给常务理事会决策处理；超过200万元人民币的资产，需提交给理事会决策处理。

四、附则

14 本章程经金投赏理事会表决通过。

15 本章程的解释权归属金投赏理事会。

16 本章程经金投赏理事会表决通过之日起生效。

17 本章程未尽事宜在相关细则中加以规定；该细则经理会批准后，与章程具有同等法律效力。

附录二

会员简历

会员委员会

会员委员会 5 人：杜红（主席），李桂芬（副主席），郭志明，卞霞文，李檬

杜 红 主席
新浪公司总裁兼首席运营官，微博公司董事

杜红 1999 年加入新浪，历任企业拓展部总监、一拍公司副总经理、新浪营销部总经理、集团公司副总裁及高级副总裁等职务。1992 年毕业于哈尔滨工业大学，1995 至 1999 年赴美留学工作。

李桂芬　副主席

电通安吉斯集团中国区前董事长

2000 至 2012 年间，李桂芬带领安吉斯媒体集团（Aegis Media）在大中华区快速成长、创新服务、数字转型，成绩斐然，荣获安吉斯媒体集团"2010 年度全球最佳经营者奖"。

李桂芬于 2017 年后，曾担任日本电通国际部特别顾问；目前为 G Sky Consulting 资深顾问，专注于协助企业数位转型及帮助新创公司建立高速成长的商业模式。李桂芬善于洞察趋势、勇于开创服务价值，并不遗余力热心培育后进。

郭志明

Apple 大中华区广告平台负责人

郭志明是中国数据营销的思想领袖及实践者，他在全球跨国公司如 Google、实力媒体、以及本土初创企业拥有 20 多年的实战经验。他在 2004—2010 年担任实力媒体的董事总经理，2010 年成为中国最大的媒介代理商。随后，他于 2011 年加入广告技术初创公司悠易互通担任其首席运营官，并在中国推出了第一个需求方平台（DSP），对接了国内所有的广告交易平台。在 2014 年他加入了 Google，担任大中华及韩国区平台负责人，并且在 2015—2019 年期间，让平台业务收入增长了 9 倍。在 2014—2017 年，郭志明连续 4 年入选 Campaign Asia—Pacific 中国数字媒体名人榜；2020 年加盟 Apple。

卞霞文
金投赏总裁

卞霞文于 2006 年加入金投赏，参与了金投赏商业创意奖从诞生到发展的全部过程。卞霞文在加入金投赏之前曾担任新加坡上市公司，中国台湾和大陆著名企业的高管。

拥有超过十年的外企管理和培训咨询经验。作为金投赏的总裁和金投赏理事，主要负责每年约 700 家一线的公司来参加金投赏国际创意节的工作，从参赛、评审到颁奖，以及每年 10 月金投赏国际创意节峰会主论坛和分论坛的全面管理工作。

李 檬
IMS（天下秀）新媒体商业集团创始人及董事长

李檬，IMS（天下秀）新媒体商业集团创始人及董事长，湖畔大学二期学员，清华大学 EMBA 硕士，亚杰商会（AAMA）八期学员，去中心化粉丝经济开创者。曾获 2016 中国互联网经济论坛中国互联网经济年度人物、2017《互联网周刊》年度人物、北京影响力人物前十强、2019 年虎啸奖中国数字营销十年杰出贡献人物奖等。2020 年带领 IMS（天下秀）正式登陆 A 股主板，成为 A 股首家红人新经济公司，公司市值已经超过 300 亿元人民币。

公益委员会

公益委员会5人：许戈辉（主席），王雅娟（副主席），狄运昌，张振伟，赵黎

许戈辉　主席

知名主持人

许戈辉，凤凰卫视主持人，连续4年被世界品牌实验室评为"中国十大最具价值主持人"，同时也是"全国最受欢迎十佳主持人"和"华语电视节目十大金奖主持人"。她曾主持多个大型节目直播，包括央视春晚、博鳌论坛开闭幕式、国庆60周年晚会和1997香港回归等。其重量级访谈节目《名人面对面》自2000年开播至今，成功采访了来自不同国家、不同领域和背景的上千位名人嘉宾。她以流利的中英双语、独特的视角以及亲切的姿态，向观众展现被访者的精彩人生。许戈辉热心公益事业，曾担任残联爱心大使、扶贫基金会"母婴平安"项目大使，现为宋庆龄基金会理事。

王雅娟　副主席

小红书 CMO

　　王雅娟曾在惠普、微软、百度和新浪微博工作，2008 年从 IT 行业转行进互联网领域，十几年来历经垂直门户、搜索、社交媒体和社区型平台，是中国互联网平台商业化和营销创新的见证者、参与者和促进者。

　　她还注重知识积累和传承，曾合作撰写《超越营销》，目前兼任北京大学业界导师和中国传媒大学客座教授，任中国广告协会学术委员会副主任委员。

狄运昌

格威传媒集团及联广传播集团创意长

　　狄运昌拥有 30 年的丰富广告经验，创造过许多令人印象深刻的广告 Campaign，为品牌与商品缔造成功形象与市场佳绩；他曾赢得戛纳广告金狮奖、银狮奖、铜狮奖，Spike 金奖，Green Awards 全场大奖，龙玺广告奖全场大奖、金投赏全场大奖、AdFest 户外类全场大奖、One Show 金铅笔、AME 行销广告奖金奖等多项广告奖的肯定；除个人曾赢得 Campaign Magazine 大中华区年度最佳创意人的荣衔外，还率领团队接连赢得大中华区年度最佳创意广告公司和大中华区年度最佳数位广告公司的殊荣。2017 年他加入联广传播集团，协助联广传播集团成为第一家在台湾上市的广告传媒集团。

张振伟
蕴世传播集团创始人兼首席执行官

张振伟拥有品牌策略、整合营销传播策略、数字营销和数字媒体、创意管理、CRM 及公关等行业经验。曾在奥美、李奥贝纳和传立媒体工作多年，2005 年开始专注互联网营销，也是中国最早专注于互联网数字营销的先锋。2009 年开始创办自己的数字整合营销广告公司，此后被全球最大的传播集团奥姆尼康集团成功收购。2016 年重新出发创办 Inspire 蕴

世传播集团，提供品牌客户最整合最前沿的以效果为导向的专注在互联网新媒体的营销解决方案。在短短3年间，赢得众多各行业的国际国内领导品牌的业务，公司发展迅速稳健。

赵 黎
作家、政府品牌顾问、品牌战略顾问

作家，致力于品牌、创意、营销、用户体验、敏捷组织再造的研究，出版多本专业类书籍，担任多个城市及政府品牌顾问，及多家著名企业品牌战略顾问。

博鳌亚洲论坛年度经济人物，原深圳广播电台财经记者、编辑、主持人，曾任盛世瑞智国际文化传媒CEO、全国县域经济发展委员会新闻中心主任、深圳企业家协会常务副会长、深圳企业家联合会常务副会长、深圳文化创意产业协会常务副会长、深圳营销协会副会长、全国最大阅读公益组织深圳读书会理事长。

商业委员会

商业委员会6人：苏同（主席），胡海泉（副主席），朱强，林妤真，王湘君，张冰

苏　同　主席

华扬联众创始人兼董事长

苏同是中国领先的数字营销解决方案公司华扬联众的创始人、董事长。他投身传播领域二十余年，2002年开始专注于全球互联网领域的发展，是中国数字营销领域发展的先驱者及推动者。华扬联众是业内第一家沪市主板上市公司，拥有大批国内外优质客户，包括百胜餐饮、宝洁、京东一汽大众等；也是北京2022年冬奥会和冬残奥会官方传播代理服务独家供应商。

苏同先生对全域营销的趋势、特点、核心价值及应用策略都具有相当独到和深刻的见解。他本人出色的策略性思考、资源整合能力和对全局的控制力，对中国网络广告市场的发展起到重要的推进作用。

胡海泉　副主席

著名歌手、投资人

北京大学国家发展研究院 EMBA 硕士学
位、长江商学院 EMBA 学员。他是著名的音乐
人、投资人、企业家和主持人，1998 年与陈羽
凡组成羽·泉组合，2006 年，创办中国顶级的
唱片公司北京丰峰尚文化传播有限公司并担任
总裁；2010 年，创办北京巨匠文化发展有限公
司，"羽泉"品牌运营操盘手，从事艺人经纪、
整合营销、音乐版权开发、节目制作等业务。
他是国内最早系统地开展风险投资事业的艺
人，他发起成立海泉基金系列股权投资基金，
发行并管理多只基金产品，为创业企业提供全
方位资源导入服务。

朱 强

金投赏首席运营官

2008 年加入金投赏，见证了金投赏商业创意奖从诞生到发展的全部过程。朱强曾担任过互联网企业高管，对市场营销领域有着超过十年以上的经验。朱强是金投赏的 COO，负责金投赏的全面运营和管理，主要负责品牌市场，产品研发，商业拓展等工作。包括每年金投赏奖项的参赛白皮书，市场和品牌相关的大型战略合作等工作。

林妤真

Google 大中华区营销洞察与解决方案副总裁

现任 Google 大中华区营销洞察与解决方案副总裁。林妤真拥有超过 20 年的数字营销及团队领导经验，主要专注于品牌全球化、企业数字化的发展和管理。林妤真的职业生涯始于数字品牌策略规划，随后担任过涵盖行销策略、业务管理、战略发展等领域的一系列职务，她在 Google 大中华区负责管理过多个业务团队，包括带领 Google 中国团队，为国内知名的客户及广告代理商提供全面的数字营销解决方案。也负责领导过 Google 大中华区开发者的开拓以及既有开发者关系的建立和维护。通过 Google 的技术和广告变现解决方案，推动开发者的数字化变革，建立 Google 与数字营销及移动生态系统（包含开发者及广告主）之间的良性联系。

王湘君

爱奇艺新消费事业群 NCG 总裁兼首席营销官

拥有十五年以上的互联网营销及市场经验，曾先后任职于网易、搜狐等知名门户网站的市场部和销售部。2010 年加盟爱奇艺，现任爱奇艺新消费事业群 NCG 总裁兼首席营销官，全面负责以营销手段为核心的销售、IP 增值、电商等新消费业务，以及市场运营等营销工作，致力于品牌增长战略、年轻消费趋势、新消费模式研发创新。

张 冰
多彩互动创始人兼首席执行官

张冰在互联网广告行业已经从业十六年有余，2016 年创办自己的公司多彩互动，目前有员工超过 500 人，全年营业额超过 50 亿元，拥有自主研发的基于效果类广告的智能广告投放系统、大数据分析系统等；多彩互动在信息流广告、手机厂商广告、搜索引擎广告等效果类广告领域有着较为丰富的投放经验和较强综合服务能力，尤其在近两年兴起的短视频广告营销领域，有着行业领先的创意能力；张冰先生在创业之前曾任职于腾讯、百度、360 等公司，是中国互联网广告领域最早的一批从业人员。

合规委员会

　　合规委员会 4 人：白涛（主席），潘振翔（副主席），李雷，黄勇

白　涛　主席
君合律师事务所合伙人

　　白涛在近三十年的法律服务工作中，为国内外众多知名企业提供了法律服务。多次被业内国际组织评为"亚洲年度优秀律师"。

　　白涛律师一直不遗余力致力于法律公益事业。自 20 世纪 90 年代起，白涛律师就为法律公益事业奉献无数心力与时间。她一直为壹基金提供所有法律咨询服务，她还长期为朝阳区社会群体提供免费法律咨询服务。

　　现为第十三届北京市政协委员、第十三届北京市朝阳区政协委员、北京市朝阳区侨联副主席、中央统战部建言献策政法组成员、北京市欧美同学会副会长。

潘振翔　副主席

普华永道中国科创及私营企业服务合伙人

潘振翔先生于 1994 年加入普华永道，先后供职于审计，收购兼并以及市场扩展等多个部门，建立并主管普华永道浙江地区业务，现为普华永道中国科创及私营企业服务合伙人，专注于为科创和私营企业提供一体化定制服务。

潘振翔先生曾服务于普华永道不同的办事处和业务部门，其中包括普华永道斯德哥尔摩办事处科技传媒业务部及普华永道收购兼并业务部。以上的经验使他在中西合璧文化基础上保持特有的商业视野和创业精神。潘振翔先生在他的普华永道生涯中为包括跨国公司、本地企业、境外和中国上市公司以及中国私营企业在内的各种类型的客户提供多种多样的服务。

李 雷

北京集慧智佳知识产权管理咨询股份有限公司创始人、总裁

　　李雷在知识产权领域深耕二十余年，1999年加入集佳知识产权，任高级合伙人、副所长，将集佳打造成中国规模最大、专业度最高的知识产权全球化全产业链服务机构，带领团队为华为等大型企业提供深度技术创新与品牌升级服务。2013年李雷创立集慧智佳（IPTALENT）公司，李雷是中国天使联合会常务理事和知识产权顾问，是多家知名投资机构的重要伙伴。

　　李雷长期关注影视、体育、创意与传播、游戏、互联网文创等泛娱乐领域，为品牌高价值企业提供全方位的知识产权解决方案。

黄 勇

宝捷会创新消费基金创始合伙人

　　黄勇在消费行业有着超过25年的从业经验。1992年作为管理培训生加入宝洁中国；2001年创建Betterway营销服务公司，2006年被全球知名广告集团收购；2013年11月发起创立宝捷会创新消费基金，专注创新消费、创新渠道、创新企业服务等，通过构建消费品生态圈磁力场为中国的消费品牌提供咨询、投资及赋能服务，取得了出色的投资成绩。近期经典案例包括：蓝河乳业、Usmile、Kiskis、爱库存、云砺、驿氪、筷子科技等。

　　2001年发起创立中国宝洁校友会，目前担任宝洁中国校友会会长，同时担任宝洁全球校友会执委委员。

奖项委员会

奖项委员会6人：王高（主席），须聪（副主席），李琦，李勇，张旻翚，雷海波

王 高 主席

中欧国际工商学院市场营销学教授

王高是中欧国际工商学院市场营销学教授、宝钢市场营销学教席教授、副教务长、学院管理委员会成员，首席营销官（CMO）课程主任、全球 CEO 课程、智慧医疗创业课程联席课程主任。他的研究和教学领域包括营销战略，品牌战略，商业模式创新，营销模型等。

王高博士曾在 IRI 担任高级咨询师，负责营销模型开发；还曾在可口可乐分公司美之源工作了两年，担任战略分析部经理，负责销售规划与评估、营销战略规划等工作。回国以后，他还为联想、强生、李宁、神州数码、美国通用汽车、上海卡通集团等企业担任咨询顾问。为古井贡、国美、上能、开能、云集、溪地国际等公司担任独立董事。

须　聪　副主席

麦当劳中国首席市场官

须聪是麦当劳中国副总裁，公司首位来自中国大陆的首席市场官。在须聪的领导下，麦当劳品牌的宣传广告片和推广活动赢得中国消费者的认同和喜爱，并且多次获得中国及亚太地区广告和传媒类的奖项。在 2012 年，她也被 *Advertising Age* 杂志评为年度中国最值得瞩目女性之一。须聪女士将继续用一系列市场活动推动业务前进，包括品牌重振计划、进军家庭和数字领域等等。

李　琦

杭州瑞德设计股份董事长

李琦，杭州瑞德设计股份董事长，中国工业设计协会副会长，杭州工业设计协会会长，中国设计业十大杰出青年，工商管理硕士，江南大学研究生导师。1999 年创立瑞德设计，2014 年带领公司挂牌新三板并蝉联创新层（股票代码：831248）。2015年公司获"国家级工业设计中心"认定。2018年两会期间，获央视经济半小时"设计出来的奇迹"专题深度报道。被《凤凰周刊》誉为"中国工业设计拓荒者"，25年来坚守"设计为一"的使命，用设计定义行业，成功将瑞德设计打造成集产品、空间、品牌设计为核心的科技型设计集团。李琦先生带领团队成功完成2 000多个设计项目，为服务企业实现了3 000多亿元的商业价值，用商业实践引领着中国创新设计服务业的变革与前行。

李 勇

诚美基金合伙人、谷元文化董事长

李勇是谷元文创科技创始人、诚美资本合伙人、文创产业战略、创新管理及营销专家。曾任东方卫视中心总监、东方娱乐集团公司总经理，带队打造系列知名内容IP及文创产业管理系统。包括融媒体视频演播系统、数字娱乐内容生产与营销系统、IP大数据研发系统

等，在 IP 内容创制、IP 产业运营、IP 数据营销、IP 赋能消费领域有丰富的产业资源和运作经验。

张旻翚

元亨点将教育咨询 CEO

张旻翚，2000 年毕业于中山大学，2012 年毕业于中欧国际工商管理学院 EMBA，现担任中欧营销学会执行会长，北京大学新媒体研究院研究生导师。曾荣获科特勒"标杆"营销大奖"标志人物奖"：被广告人商盟峰会暨 ADMEN 授予"中国当代杰出广告人"称号。

在互联网领域拥有非常丰富的实战经验。2018 年底正式加盟阿里集团，经历品效团队的整合，全面负责阿里妈妈前端客户团队（包括 KA，行业客户，渠道，平台运营等）。2021 年 8 月离开阿里后，正式创建元亨点将教育咨询公司，打造点将营销学院。

雷海波
太火鸟科技创始人兼首席执行官

雷海波，视觉中国集团设计社区创始人、战略顾问，中国工业设计协会副会长、北京工业设计促进会副会长、光华设计基金会理事。获得 2019 年北京市人民政府、北京市科委"首都设计杰出人才"，2019 年光华龙腾奖中国设计贡献奖金质奖章，"中国设计 70 人"，获得 2007 年中国设计贡献奖银质奖章、2013 年中国工业设计十大杰出推广人物。入选 *Fast Company* 中国商业最佳创意人物 100 、《新周刊》改变中国创意的十个右脑。

研究委员会

研究委员会5人：蒋青云（主席），闫矗（副主席），叶慈平，刘伟，艾勇，周豪

蒋青云 主席

复旦大学管理学院市场营销学教授、博士生导师

现任复旦大学管理学院市场营销学教授、博士生导师。兼任中国高校市场学研究会副会长、《营销科学学报》理事会副理事长及副主编、上海市市场学会副会长。

曾任麻省理工学院（MIT）、意大利博科尼大学（SDA Bocconi）访问教授，以及美国营销协会（AMA）中国顾问委员会成员。

在复旦大学，蒋青云教授主要为 MBA、EMBA、IMBA 讲授《营销管理》《当代营销理论》《数字营销战略》和《营销渠道管理》等课程。

2017 年起蒋青云教授领衔开发和创制的"外滩·中国企业品牌创新价值排行榜"获得了广泛的社会影响。此外，蒋教授还是复旦管院"价值共创卓越企业社会责任优秀案例"年度评选的专家组召集人。

闫 曌 副主席

明略科技联合创始人、金数据董事长、

川至创投创始合伙人

闫曌是中国广告测量实践的先驱，也是中国企业级服务市场的开拓者。他毕业于北京大学，曾供职于宝洁中国（P&G）及全球知名战略咨询公司马思咨询（Mars&Co），也曾创办中国领先的数据技术公司 AdMaster。2018年作为联合创始人整合 AdMaster、秒针系统、明略数据正式成立明略科技集团。

作为中国互联网和营销数据生态系统连接的主要参与者，他曾为国际和国内超过 500 个领先品牌提供数字营销和数据解决方案，对于中国营销数字化升级和大数据商业智能的蓬勃发展起到了积极的推动作用。

叶慈平

普华永道数字化体验中心大中华区主管

合伙人

叶慈平是 PwC 普华永道数字化体验中心大中华区主管合伙人。他领导公司的 Business eXperience and Technology（BXT）创新理念帮助客户解决数字化转型与创新的各种挑战，重点关注商业数字化、品牌数字化，营销数字化转型；并致力于品牌未来成长的客户体验，及客户体验管理。

叶先生在品牌，市场营销管理及市场业务方面有着多年的丰富经验，多次受到邀请在行业会议、企业工作坊及大学等发表演讲，并获得 Campaign 亚太区专业数字化营销名人榜荣誉。

刘 伟

致维科技首席执行官

刘伟，致维科技（北京）有限公司 CEO，在数字营销、搜索营销等领域具有十多年的丰富实战与管理经验。曾任百度搜索营销部，大客户销售部，营销咨询部总经理，创建了百度营销研究院并全面梳理了百度的商业产品营销体系，拥有丰富的中国市场数字营销经验。连续多年带领团队对互联网营销进行创新开拓，并荣获广告时代 2013 中国年度最受瞩目女性。

艾 勇

映天下创始人兼首席执行官

艾勇拥有中欧国际工商学院 EMBA 学位，美国天普大学与清华大学联合授予的美国法律硕士学位（LL. M），武汉大学法学学士学位及新闻学学士学位。业内著名的营销数字化、流量运营和销售管理专家。其创立的映天下（IN-MCN）是国内领先的内容流量运营机构，也是抖音、快手、小红书等短视频直播平台服务商、代理商和 MCN 机构。创业之前，艾勇于 2006—2015 年深度参与了新浪微博商业化策略规划及销售体系搭建，历任新浪销售策略总监、商业运营策略总经理、微博全国品牌销售总经理。

周　豪
VSPN 战略委员会副主席
WE 电竞俱乐部创始人

周豪是在电子竞技领域连续耕耘创业 20 年的企业家。于 2002 年创办了中国电竞门户网站 Replays. Net。

2005 年，周豪创立 Team WE 电子竞技职业俱乐部和 StarsWar 电竞盛典，成为当时中国最受欢迎的中国电子竞技赛事品牌之一。

2007 年，与陈欧共同创立了 GGClient 公司（Garena 是东南亚最大的在线游戏运营商，2017 年在纽约证券交易所上市，市值为 63 亿美元），于 2010 年退出。

2008 年，担任雷蛇 Razer 中国区负责人。

2010 年，创办了上海厚翰信息科技有限公司，现已成为中国最大的游戏 KOL MCN 之一，年收入突破 8 亿元人民币。上海厚翰另外一个子品牌为"Score"，拥有世界领先的 AI 技术和图像识别技术，致力于电子竞技专业数据。

2019 年，他被 17 家电竞俱乐部推选为 LPL 联盟发展委员会理事长，担任至今。

2021 年，上海厚翰与 VSPN 合并为 VSPN＋，并计划年底在纳斯达克上市。周豪转为担任 VSPN 战略委员会副主席。

宣传委员会

宣传委员会6人：孙学（主席），沈晨岗（副主席），张斌，伊光旭，郑屹，邵懿文

孙 学 主席
华扬联众首席运营官

孙学拥有24年广告创意及管理经验，在20世纪90年代中期起即参与了包括《刺秦》在内的多部电影电视剧的宣传策划。1998年转投Ogilvy奥美从文案做起，先后在Bates，M&C Saatchi，LOWE，JWT，WE等多家国际广告公司担任创意总监及执行创意总监。

他的从业经验涵盖内容编辑、媒体商业运营、品牌策略咨询、广告创意制作、营销业务管理等。服务过的品牌涵盖了汽车类，地产类，旅游产业类，媒体类及快速消费品类，对如何在中国市场建立高端品牌有独到心得。

沈晨岗　副主席

飞书深诺集团创始人兼首席执行官（飞书深诺集团执行董事）

沈晨岗，数字营销和电子商务行业领军人物；2020《快公司（FastCompany）》中国商业最具创意人物、2020上海国际广告奖精英类"年度企业领袖"，艾瑞网专栏作家，金投赏评委；连续创业者。致力于推动中国企业全球化，为中国品牌开拓全球市场、提升全球影响力而努力的实干家。

创业之前，沈晨岗先生曾担任 eBay 易趣中国战略规划部高级经理，发起建立并管理公司数据仓库和 BI 系统。早期从事市场研究工作，在全球最大的市场研究公司 RI/TNS 担任研究分析师，服务众多跨国公司和 4A 广告公司。

张 斌

上海观池文化传播有限公司董事长

从业 28 年，1999 年创立观池。曾担任中国国家形象片、北京奥运形象片、上海城市形象片、上海世博形象片、四川形象片、"5·12"汶川地震公益系列《重生》《从悲壮走向豪迈》《大国成功》、2014—2019 连续六届春晚公益视频等众多影片的策划与监制。2009 年，投资大型音乐史诗歌舞剧《羌风》，获年度"五个一"工程奖。2013 年担任戛纳魅力中国周总导演，2017 年监制出品《鲶鱼》短片入围第 70 届戛纳电影节短片单元。近年来，屡获金鸡百花、电视金鹰、电视星光等跨界大奖，数度荣膺年度最佳、风云人物、杰出贡献等殊荣，数度蝉联年度最佳影视制作公司。2019 年 2 月获得野生救援国际组织颁发的"野生动物卫士"公益奖。

伊光旭
飞博共创董事长兼首席执行官

　　伊光旭于 2010 年创办领先的社会化媒体公司——飞博共创新媒体集团，是中国社会化媒体、MCN 行业的先行者和创新者。旗下拥有包括"冷笑话精选""仙女酵母"等社会化媒体品牌，超过 100 个各类自媒体，在微博、微信、抖音、B 站粉丝总量超过 3 亿。

郑　屹
英模文化总裁

　　郑屹，笔名关山。现为 esee 英模文化时尚集团总裁，中国民主建国会会员，上海模特协会常务副秘书长。

　　担任上海时尚联合会副会长、上海市网络协会 MCN 专委会理事，被业内誉为新一代模特教父。

　　郑屹先生于 2004 年创立 esee 英模文化，2008—2013 年期间，多次被邀请担任 CCTV

模特大赛、Elite 精英模特大赛、环球小姐、世界小姐等多项中国顶尖模特和选美赛事评委。

郑屹致力于推动中国模特行业走向世界，培养出了孙菲菲、康倩雯、侣淼滨、宋姗姗、张许超、刘旭、蔡珍妮、金吟彦等国际超模与本土名模。其中，孙菲菲在国际权威模特行业网站名列全球超模排行榜第 12 名。

邵懿文

电通安吉斯集团台湾数字长、台湾数字媒体应用营销协会理事长

目前任职于电通安吉斯集团，成立顾问事业-商业加速中心，协助客户数字转型与品牌转型的顾问服务。曾服务于安索帕数字营销公司等多家企业，具有 25 年以上跨媒体、网络、社群营销，数据与技术整合营销传播经验。

荣获《经理人月刊》主办的"第五届 100 MVP 经理人-数字策略 Digital Strategy"、2013 年度杰出广告专业经理人奖、2012 年动脑杂志和台湾广告主协会主办的"2012 营销传播杰出贡献奖"以及获颁 2012 年度"杰出网络营销公司经营者"。

2015 年至今，担任 Digital Media and Marketing Association（简称 DMA）台湾数字媒体应用营销协会理事长。

秘书处

秘书处 4 人：贺欣浩（秘书长），刘京京，黎文祥，钱昱帆

贺欣浩　秘书长

金投赏创始人兼首席执行官

2003 年创刊《第 3 种人》杂志并担任出版人和总编辑，2008 年创建金投赏。贺欣浩曾从事国际 4A 创意部工作，拥有近二十年广告营销领域的经验。贺欣浩是金投赏创始人总架构师兼理事会秘书长。

贺欣浩主要负责每年金投赏理事会的日常管理工作并协助组委会日常工作，同时也负责金投赏商业创意研究院主导的每年金投赏参赛白皮书和年度报告。在工作之余，贺欣浩是一位畅销书作家和纪录片导演，其作品多次获奖并被多所博物馆收藏。

黎文祥

凡岛网络 CEO，WIS 品牌创始人

2007 年就读大学一年级期间创办凡岛网络。创业 13 年，以研究移动互联网流量、数据分析为基础，创立多个消费品品牌，包括 WIS、KONO 等。

刘京京

罗技大中华区副总裁兼首席营销官

刘京京，罗技大中华区副总裁兼首席营销官，负责管理罗技大中华区全品类营销、多品牌管理。他在消费电子、快消行业拥有丰富的品牌建设、电商营销、品牌和商业合作经验。

刘京京充分洞察中国本土市场机会与挑战，领导品牌营销变革之路，致力于打造适应中国的营销模式。面对流量新时代人、货、场重构带来的挑战，刘京京领导罗技聚焦科技实力驱动产品增长、兴趣内容驱动品牌增长，以"科技＋兴趣"双轮驱动，深耕国内多元生态圈，构建消费者营销生态，为品牌注入年轻活力，实现 Z 世代强势破圈。

此外，刘京京本科与硕士毕业于清华大学，并获得了中欧国际工商学院 EMBA 硕士学位。

钱昱帆
宸帆联合创始人

2011 年，在大学期间与雪梨联合创业，帮助宸帆在不断的自我迭代中创造风口，定义和改变了红人内容营销和内容电商新形态，影响了一代年轻女性消费者。2020 年，入选福布斯中国 30 位 30 岁以下精英榜。

她目前是国内具影响力的王牌红人经纪之一，现在也成为了女装行业一个重要的 IP。通过精准捕捉红人流量风口的变化，从各大社交平台挖掘潜力红人，帮助其实现一站式造红目标。带领团队独家签约红人超 260 位，其中包括国内具有极高商业价值的一线红人雪梨、林珊珊等，全网拥有粉丝超 2.7 亿，覆盖微博、抖音、小红书等全网主流社交平台，红人业务名列各大 MCN 机构前列。

2020 年双十一期间，公司 GMV 突破 31 亿。先后带领公司斩获金投赏商业创意奖、微博超级红人节年度红人机构、微播易年度商业价值机构奖、中国创新传播大奖年度创新公司、天猫国际网紫大道全球影响力奖等各大奖项。